국회의원 서민주, 바쁘다 바빠!

국회의원 서민주, 바쁘다 바빠!

안점옥 글 | 유설화 그림

 차례

머리말…6

나는 현장에 있었습니다…8

마음 맞는 내 편이 진짜 힘…16
- 친절한 안 작가의 참견 궁시렁…27

출마부터 당선까지, 바쁘다 바빠…28

국회 신입생 서민주…36

신입생은 모든 게 처음이야…48
- 친절한 안 작가의 참견 궁시렁…53

법이 우리를 지키게 한다…54

1년에 딱 한 번, 정기 국회…60
- 친절한 안 작가의 참견 궁시렁…71

특별히 살펴봐요, 국정 조사…72

장애인 이동권 보장법, 본회의 통과!…82

우리들의 목소리, 서민주…86

국제 조약 비준은 더욱 깐깐하게…94

법들의 왕 헌법도 고칠 수 있어요…100

친절한 안 작가의 뒤끝 궁시렁…108

 **머리말**

여러분 안녕하세요?

이 책은 정치를 하는 국회의원에 관한 이야기입니다. 그런데 국회의원이라는 게 뭘까요? 많이 들어 봐서 잘 알 것 같지만 막상 답을 하려니 참 어렵죠?

국회의원은 법을 만드는 사람이에요. 우리 사회에서 어떤 사람이 약자인지 누가 차별 받고 있는지 잘 살펴보고 그 사람들을 보호할 수 있는 법을 만듭니다. 그런데 이미 만들어 놓은 법도 많은데 여의도 국회의사당에는 왜 수백 명이 넘는 국회의원들이 모여 있을까요? 그건 우리가 살아가는 세상이 예전과 달리 다양한 모습으로 점점 더 빠르게 변하고 있기 때문이에요. 그래서 새로운 법을 만들고, 요즘 시대에 맞지 않는 법이 있다면 고치는 일을 하는 겁니다.

그런데 법이라고 하면 참 어렵기도 하고 무섭기도 해요. 그렇죠? 뭔가 벌을 주는 것 같기도 하고요. 사실 우리 주변에는 법 없이도 성실하게 살아가는 사람들이 많아요. 그런데 왜 자꾸만 새로운 법을 만드는 걸까요? 국회의원들이 만드는 법은 누군가를 무섭게 혼내고 벌을 주기 위한 게 아니에요. 법이라는 것은 '우리 모두 이렇게 하기로 해요' 하고 약속을 하는 겁니다. 우리 친구들도 약속을 많이 하죠? 친구들과 싸우지 않고, 편식을 하지 않고……. 이런 좋은 약속을 하면 늘 즐겁고 몸도 건강해지잖아요. 국회의원들은 바로 국민 모두가 즐겁게 잘 살 수 있는 약속을 만들어 가는 일을, 법을 통해 하는 거예요.

그리고 법을 만드는 일 말고도 정부가 국민을 위해 일을 잘 하고 있는지 살피는 일도 하고 있습니다.

그럼 국회의원들은 꼭 좋은 법만 만들었을까요? 우리나라는 일제 강점기와 한국 전쟁을 거치며 독재 국가까지 경험한 적이 있습니다. 독재 국가 시절에는 정치인들이 국민들에게 필요한 법을 만드는 게 아니라 독재자에게 필요한 법을 만들기도 했습니다. 하지만 우리나라 국민들은 가만히 있지 않았습니다. 많은 사람들이 목숨을 걸고 민주주의를 외쳤습니다. 그래서 국민의 힘으로 민주주의 국가를 만든 것입니다. 국민의 힘으로 민주주의 국가를 만든 나라는 흔하지 않습니다. 세계 여러 나라는 국민의 힘으로 민주주의 국가를 이룩한 우리나라를 존경하고 연구하려고 합니다.

지금 우리나라의 민주주의는 국민 모두가 정치에 관심을 가졌기 때문에 가능한 것입니다. 여러분도 열아홉 살이 되면 투표를 할 수 있습니다. 그때 가서 정치에 관심을 갖는 것은 조금 늦습니다. 지금부터 정치가 무엇이고, 민주주의가 무엇인지 차근차근 알아 나가야 합니다. 그럼 이 책에 나오는 국회의원 서민주의 이야기를 읽으며 공부해 볼까요?

2014년 여름

안점옥

구급차가 병원에 도착하자 서민주는 응급실 의사에게 사고 현장부터 지금까지의 상황을 최대한 자세히 설명하고 병원을 나섰습니다.

별일 없어야 할 텐데······.

따르릉따르릉

이런!

가는 길에 사고가 있었어요. 제가 발표인데, 죄송해요. 네, 네. 다음 달에 봬요.

삐요삐요—
흔들 흔들
위태 위태—

그렇게 기울기가 심한 계단을 고정도 안 시키고, 후유. 이삿짐도 그렇게 위험하게 옮기진 않아. 얼마나 무서우셨을까? 내려가는 방향일 때는 뒤가 아니라 앞에서 대기해야 한다는 것을 누가 알려 줬더라면······. 휠체어를 튼튼히 고정시킬 수 있는 장치가 있었더라면······.

제가 뒤에서 잡아 드리려 팔을 뻗었을 땐······ 이미······ 늦었어요.

후회는 늘 한발 늦게 옵니다······.

다음 날 아침, 병원에서 아침 회의를 기다리며 신문을 펼쳐 든 서민주는 깜짝 놀라 신문에 얼굴을 바짝 들이댔습니다. 할머니가 수술 도중 돌아가셨다는 기사가 아주 조그맣게 실려 있었기 때문입니다.

할머니는 일요일인데도, 게다가 생일인데도 엄마 아빠 모두 일찍 일하러 나가는 바람에 종일 혼자 있다는 손녀의 말에 미역과 소고기를 사고, 케이크까지 하나 들고 손녀를 만나러 가던 길이었습니다. 그러고 보니 현장 주변에 어지럽게 흩어져 있던 검정 비닐봉지와 케이크 상자가 새삼 떠올랐습니다. 후유, 한숨이 절로 났습니다.

"서 선생, 왜 그래? 무슨 기사가 났길래?"

"어제, 저 여기에 있었어요."

서민주는 신문을 탁자에 힘없이 내려놓았습니다. 탁자에 둘러앉아 함께 회의를 기다리던 동료 의사들이 신문에 고개를 들이밀었습니다.

"쯧쯧쯧, 이 일을 어째! 너무 안됐다."

"그러게. 나 저 휠체어 리프트 작동하는 거 본 적 있어. 그게 참 보기에도 저래도 되나 싶을 정도로 허술하고 위태로워. 게다가 그게 작동하는 내내 요란한 사이렌 같은 게 울리더라고. 주의하라는 의도겠지만, 그 소리 때문에 다 쳐다봐. 누가 그걸 원하겠냐고! 그거 인권 침해 아닌가 싶은 생각도 들고, 아무튼 참 불편하더라."

여기저기서 지금까지 보고 들은 이야기들이 불쑥불쑥 이어졌습니다. 그때, 원장님이 회의실로 들어오며 물었습니다.

"그래서 어쩔 건데?"

주위가 순식간에 고요해졌습니다.

"이런 사고가 하루 이틀 일도 아닌데 뭘 그리 호들갑이야."

다들 갑작스러운 원장님의 호통에 어리둥절해졌습니다. 평소 같으면 누구보다 안타까워하고 힘이 될 방법을 찾아 나서는 분이 화부터 내니 말입니다. 어색한 시간이 조금 흐르고, 원장님이 흠흠, 헛기침을 하고선 다시 입을 열었습니다.

"아침부터 화내서 미안해요. 대성정밀에서 또 끼임 사고가 났어요……. 안전장치만 설치하면 100퍼센트 막을 수 있는 사고를 왜 그렇게 방치하는지."

이게 원장님이 아침부터 화가 난 이유였습니다.

"지금 119가 와서 구조하고 있고, 우리도 김 선생 보냈어. 금방 도착할 거니까 김 선생하고 연락하면서 수술 준비하자고. 오늘 회의는 일단 연기합시다."

다들 어수선하게 일어나는데, 원장님은 마른세수하듯 손으로 얼굴을 몇 번 비비더니 결국 참지 못하고 말을 쏟아 냈습니다.

"정말 한심한 일이야. 영국은 산업 재해 한 건당 벌금이 6억 9000만 원이라는데, 우리나라는 얼마인 줄 알아? 겨우 50만 원이래, 50만 원. 그러니 노동자들이 안전하게 일할 수 있는 근본적인 대책을 안 세우는 거지. 사고가 나도 50만 원이면 법적인 책임은 해결되니 말이야. 그 편이 더 싸거든."

그때, 회의실 전화벨이 울렸습니다. 일순간 긴장으로 분위기가 팽팽해졌습니다.

"예전 이근호랑 같은 기계, 같은 사고래. 얼른 나가서 준비들 해."

탁, 탁, 탁, 탁. 발소리가 병원 복도에 다급하게 울려 퍼졌고, 동시에 멀리서 구급차 사이렌 소리가 들려오기 시작했습니다.

수술이 끝나고, 서민주는 수술 결과를 보고하러 원장님 방에 들렀습니다.

"수술은 잘 끝났고요……."

"다리는 살렸어?"

"네. 천만다행하게도 무릎까지 기계에 말려 들어가진 않았더라고요. 물론 재활 치료는 상당 기간 받아야겠지만요."

"그래도 그만하다니 다행이네. 고생 많았어요."

서민주가 나가려는데, 원장님이 차 한 잔 마시고 가라며 불러 세웠습니다. 원장님은 따뜻한 차를 앞에 놓아 주더니 여전히 편하지 않은 얼굴로 말문을 열었습니다.

"어제 서 선생이 봤다는 사고나 오늘 이 사고, 우리가 막을 수는 없었을까?"

"네?"

서민주는 갑작스런 물음에 눈만 동그랗게 뜨고 되물었습니다.

"우린 의사니까 우리가 의사로서 할 수 있는 최선의 치료를 하는 게 물론 사명이고 임무야. 하지만 말이야, 예방할 수 있다면, 막을 수 있다면, 그게 최고의 치료 아닐까?"

"물론 그렇겠지요. 하지만 어떻게……?"

서민주가 선뜻 대답을 못 하자 원장님이 웃으며 말했습니다.

"서 선생, 학교 다닐 때 사회 과목은 못했나 봐. 집에 가서 애들 교과서 한번 봐요. 그리고 다시 얘기하자고."

서민주는 진료실로 돌아와 컴퓨터를 켜고 궁금한 것을 차례로 검색해 보았습니다. 초등 사회 교과서, 휠체어 리프트, 산재 벌금……. 이 검색어들은 자신과 관련된 또 다른 검색어로 연결되었습니다.

장애인도 버스를 타고 싶다, 산재 발생률·산재 사상률 올해도 우리나라가 OECD(경제 협력 개발 기구) 최고, 우리에게 귀 기울여 주는 국회의원은 어디 없나요? ……. 서민주는 마우스에서 손을 떼고 그 글자들을 한참 쳐다보았습니다.

'국회의원? 귀 기울여 주는 국회의원?'

답답하게 엉클어져 있던 머릿속에 무언가 실마리가 보이는 것 같았습니다. 서민주는 모니터에 바짝 다가앉으며 눈을 빛냈습니다.

'소 잃고 외양간 고치기는 그만, 입법으로 근본 해결책 마련해야'

입법으로, 입법으로, 서민주는 고개를 천천히 끄덕였습니다.

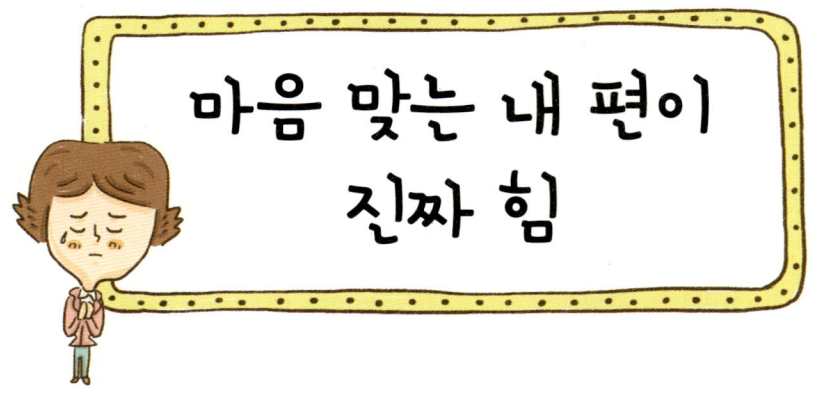

마음 맞는 내 편이 진짜 힘

서민주는 아침 일찍 일어나 '나누자당'에 이미 제출한 공천 심사 신청서를 다시 한 번 꼼꼼히 살펴보았습니다. 1차 서류 심사는 통과했고, 오늘은 2차 면접 심사를 하러 가는 날입니다.

서민주는 심사 준비를 하며 공천은 어쩌면 여자랑 남자가 소개팅을 하는 것과 비슷하다고 생각했습니다. 선거를 하기 위해 정당들은 선거에 출마할 사람을 공식적인 추천을 통해서 뽑습니다. 선거에 출마하고 싶은 사람은 자기가 소속된 당에서 후보로 추천을 받아야만 하고요. 이런 과정을 공천이라고 하는데, 이를 통해 정당도 후보도 서로 어떤 정책과 비전을 가지고 있는지, 함께 일을 해 나갈 만큼 마음이 맞는지 알게 되니 말입니다. 물론 어느 당과도 상관없이 무소속으로 선거를 치른다면 공천은 필요 없지만, 서민주는 나누자당에서 공천을 받기로 마음먹었습니다.

　당사에 도착해 보니, 공천 심사를 받는 다른 후보자 두 명도 이미 와 있었습니다. 1차 서류 심사를 통과한 후보가 두 명 더 있다는 이야기는 미리 들어서 알고 있었기에 서로 반갑게 인사를 나누었습니다. 서민주는 면접장 앞에서 차례를 기다렸습니다. 침착하려 애를 썼지만, 은근히 떨렸습니다.

　"서민주 씨."

　부르는 소리에 문을 열고 들어가니 기다란 탁자에 나란히 앉은 심사 위원들이 반가이 맞아 주었습니다. 그러곤 곧바로 서민주가 제출한 공천 심사 신청서를 보며 질문을 던졌습니다.

　"의사이신데 상임 위원회 가운데 국토교통위원회를 원한다고 쓰셨네요? 독특한 경우라 그 이유를 좀 들어 보고 싶은데요."

　심사 위원장과 세 명의 심사 위원이 의아하다는 얼굴로 물었습니다.

　서민주는 머릿속 생각을 빠르게 정리하고 입을 열었습니다.

　"네. 저는 국회의원으로 일을 한다면 가장 먼저 '장애인 이동권을 위한 법률 제정'에 힘쓰고 싶습니다. 그래서 해당하는 상임 위원회를 찾아보았더니 국토교통위원회더군요."

　서민주는 지난여름 지하철에서 목격했던 휠체어 리프트 추락 사건을 침착하게 이야기했습니다.

　"그때 처음 깨달았습니다. 우리가 지금까지 장애인의 이동권에 대

해 진지하게 생각하지 않았다는 것을요. 사실 그들은 단 한 발자국도 밖으로 나올 수 없는 상황이어서 집에만 갇혀 있었던 것인데 우리는 눈에 보이지 않으니 없다고, 아무도 불편하지 않다고 멋대로 생각해 버린 거죠. 하지만 그들이 지하철을 한 번 타기 위해 들이는 시간과 노력은 생각보다 엄청납니다. 휠체어 리프트로 지하철 환승 한 번 하려면 평균 20분이 걸립니다. 도움을 받으러 요청한 역무원이 오기를 기다리는 시간 같은 것 다 빼고 말입니다. 그나마 누가 앞서 이용하고 있다면 앞사람 이용 시간 왕복 40분을 고스란히 기다려야 하는 거죠. 그렇게 어렵사리 갔는데 도착역에 리프트마저 없으면 꼼짝없이 갇히는 신세가 되어 버립니다. 버스를 타기도 이보다 쉽지 않습니다. 이건 옳지 않습니다."

서민주는 잠시 틈을 두었다. 말을 이어 갔습니다.

"현재 우리나라 전체 인구의 10퍼센트가 장애인으로 추정되고, 그중 90퍼센트는 후천적 사고로 발생합니다. 우리 모두 언제든 맞닥뜨릴 수 있다는 거죠. 게다가 갈수록 빠르게 노령화되어 가는 추세이니 누구나 몸의 기능이 떨어진 상태로 상당한 세월을 살아야 합니다. 장애인의 자유로운 이동을 위한 정책이 노인이나 어린이, 임산부 같은 교통 약자를 위한 배려가 되는 것은 기본입니다. 저도 아이들 키울 때 장애인을 위한 휠체어 경사로가 있어서 유모차를 걱정 없이 가지고 다녔으니까요."

그 순간, 한 심사 위원이 끼어들었습니다.

"맞아요. 나도 저번에 다리 다쳤을 때 동생네 집들이 갔다가 입구에서 되돌아왔어요. 연립 주택 3층으로 이사를 했는데 건물에 엘리베이터도 경사로도 없으니 방법이 없더라고."

다른 공천 심사 위원들도 비슷한 경험이 있었는지 앞다투어 말문을 여는데, 위원장이 급히 막으며 진행했습니다.

"그럼 구체적인 방법이나 법률안 같은 것도 세우셨나요?"

"관심을 가지고 알아보니 다행히 장애인을 위한 정책을 연구하는 분들이 좋은 대안을 많이 가지고 계셨습니다. 그분들과 힘을 합쳐 입법안을 만들어 볼 생각입니다."

서민주는 공천을 준비하면서 국회에 대해 좀 더 많이 알게 되었습니다. 모든 국회의원은 의무적으로 상임 위원회, 줄여서 상임위 활동을 하게 됩니다. 상임위는 국회에서 각 의원들이 관심 있고 활동하고 싶은 전문 분야를 나누어 조직한 상설 위원회입니다. 각 상임위 이름을 보면 대강 무슨 일을 하는 곳인지도 짐작이 갑니다. 외교통일위원회는 말 그대로 외교와 통일에 대한 정책과 국정을, 환경노동위원회는 환경과 노동에 대한 전문 분야를, 국토교통위원회는 국토의 효율적인 사용과 교통 정책에 대한 것을 맡습니다.

"마지막으로 하나만 더 물어보겠습니다. 현재 여당인 '능력대로당'을 선택하지 않고 우리 나누자당을 선택한 이유가 무엇인가요? 정권을 잡고 있는 쪽이 더 힘이 세니 일하기도 더 편할 수 있을 텐데요."

서민주는 그 질문에 즉각 대답을 했습니다.

"물론 큰 힘, 센 힘, 저도 좋아합니다. 하지만 그보다 더 중요한 것은 어느 당이 나와 함께 장애인의 편에 서 줄 것인가 하는 것이었습니다. 마음이 맞는 내 편이야말로 진짜 힘이니까요. 지금까지 힘없는 약자의 편에 서서 그들의 이야기에 귀 기울여 주고 함께 눈물 흘려 온 나누자당의 역사를 보고 판단을 내렸습니다. 그리고……."

서민주의 대답에 고개를 끄덕이며 면접을 마치려던 심사 위원들이 끝나지 않은 서민주의 말에 다시 주목했습니다.

"이번에 시행한 청년 여성 의무 할당제도 저는 꼭 필요한 정책이었다고 생각합니다. 제가 여성이어서만은 아닙니다. 지금까지 여성들이 많은 기회를 빼앗기고 살았던 현실을 인정하고, 그 빼앗았던 기회를 되돌려 줄 때 비로소 공정한 게임이 시작된다는 것을 정책으로 보여 주었다는 점에서 박수를 보내고 싶습니다."

공천 심사는 그렇게 끝났습니다. 이제는 나누자당이 면접 심사를 본 사람들 중 적합한 후보를 결정할 차례입니다.

긴장이 한꺼번에 풀리며 피로가 몰려왔지만 서민주는 집으로 가는 대신 병원으로 발길을 돌렸습니다.

"아니, 휴가 기간인데 왜 나왔어?"

공천 심사 준비를 하라며 특별 휴가를 내준 원장님이 말은 그렇게 하면서도 반가운 웃음으로 맞아 주었습니다. 서민주는 마치 큰오빠에게 투정하는 막냇동생처럼 엄살을 부렸습니다.

"몰라요, 이건 휴가는커녕 고3 수험생이 된 기분이에요. 이게 다 원장님이 부추긴 때문이라고요."

아마도 흰 가운을 입고 있지 않아서 이런 엄살이 나온 것 같습니다. 가운을 입는 순간, 서민주는 누구보다 철저한 '닥터 서'로 변신하니 말입니다. 푸념을 늘어놓아도 원장님은 짐짓 장난으로 받아 주었습니다.

"나 때문이라니 영광인걸."

그러곤 여전히 웃음 띤 얼굴로 말을 이었습니다.

"하지만 이 길을 처음 발견해 낸 사람은 서 선생 자신이라고."

서민주는 무슨 말인가 싶어 고개를 갸우뚱했습니다.

"서 선생 의대 졸업하고 얼마 되지 않아 우리 병원으로 왔잖아. 젊은 여선생이 정형외과인 것도 의외다 싶었는데, 며칠 일하더니 나한테 따지듯이 묻더라고. 노동자들이 왜 다치는지, 다쳐도 왜 이렇게나 많이 다치는지, 안 다치게 할 방법은 없는지. 기억 안 나? 많은 선생님들이 병원을 거쳐 갔지만, 그런 걸 물어본 사람은 서 선생이 처음이었어. 다들 나는 의사니까, 하면서 환자 치료에만 열심이거든."

서민주도 처음 원장님을 만났을 때가 떠올랐습니다. 우리나라에 직업병이라는 말조차 없던 시절, 원장님은 독한 화학 약품 때문에 병이 들었는데도 그저 감기인 줄만 알던 노동자들에게 몸이 아픈 진짜 이유를 알려 주느라 바빴습니다. 정작 병원 운영은 뒷전이었습니다.

지금 이 종합 병원은 그때의 노동자들이 우리나라에서 처음으로 직업병 판정을 받고, 또 처음으로 보상금을 받아 내고, 그리고 그 보상금을 각자 쓰지 않고 함께 모아 노동자들을 위해 공단 입구에 세운 병원입니다. 그러니 병원에는 공장에서 다치거나 병이 든 노동자들이 매일 옵니다. 병원에 병상이 300개인데, 휠체어가 100개나 있을 정도입니다. 이 모든 과정을 마다하지 않고 앞장서서 헤쳐 나온 사람이 바로 원장님입니다.

"그때 얼핏 이런 생각을 했지. 서 선생은 몸의 갈등을 다루는 의사만 말고, 세상의 갈등을 다루는 정치를 해 보면 어떨까 하는. 부딪히고 맞서는 세상 문제들에 관심도 있고, 해결하려는 의지도 있으니까. 물론 전혀 새로운 일에 도전한다는 건 결심부터 쉬운 일이 아니지. 하지만 서 선생은 분명 잘 해낼 테고. 보람과 재미도 있을 거야."
　서민주는 원장님이 보내는 믿음과 응원에 왠지 쑥스러워져 너스레를 떨며 흰 가운을 걸쳐 입었습니다.

서민주는 비상계단을 통해 아래층으로 내려왔습니다.
복도 양쪽으로 날개 접은 나비처럼 휠체어들이
줄지어 서 있었습니다.

공천이 뭘까요?

공천은 정당에서 선거에 나갈 후보를 공식적인 추천을 통해 뽑는 일이에요. 우리나라에서는 정당의 후보라면 공천을 받아야만 선거에 나갈 수 있거든요. 소속 정당이 없는 무소속 후보들은 물론 공천과 상관없이 선거에 나갈 수 있지요.

그럼 공천은 어떻게 받을 수 있을까요? 먼저 본인이 속한 당의 심사를 거쳐야 해요. 어떤 부분을 심사하는지는 당에 따라 조금씩 다르겠지만 정당이 생각하고 따르는 이념과 정책에 동의하는지, 도덕적으로 깨끗한 인물인지, 정치적 비전과 신념이 확고한지 등이 기준이 될 수 있겠지요.

의사나 변호사처럼 자격증이 있어야 공천을 받는다거나 어떤 특정한 조건이 있는 것은 아니지만 정치는 사람들 사이에서 발생하는 갈등과 다툼을 조정하고 많은 사람에게 영향을 끼치는 문제를 해결해 가는 일인 만큼 무엇보다 공공성을 먼저 생각하는 자세가 필요해요.

청년 여성 의무 할당제가 뭐냐고요?

공천 과정에서 여성과 청년 후보자에게 가산점을 줄 수도 있고, 의무적으로 공천을 해 줘야 하는 '청년 여성 의무 할당제'라는 것이 있어요. 비례 대표 국회의원을 뽑을 때 홀수 번은 꼭 여성이어야 한다고 정해 놓기도 해요. 언뜻 보면 공정하지 않은 제도라고 생각할 수도 있지만 잘 살펴보면 그렇지가 않아요. 역사적으로 오랫동안 사회 활동에 제약을 받아 왔고 남자들에 비해 사회 진출 기회가 적었던 여성들과 이제 막 사회에 발을 내딛기 시작하는 청년들도 그들의 목소리를 낼 수 있도록 하기 위해 좀 더 유리한 조건을 만들어 주는 것이거든요. 여성과 청년도 국회에 나가 원하는 바를 이야기하고 실현시킬 수 있어야 하니까요.

출마부터 당선까지, 바쁘다 바빠

먼저, 함께 일할 사람을 찾아야지. 장애인 이동권에 관심 있는 사람이랑 국회 경험이 있는 사람, 또 선거를 함께 준비할 사람도 모아야 해. 그리고 사무실도 얻어야 하고, 선거 조직이랑 공약도 만들어야지. 참, 돈도 있어야 하는구나.

후보자 벽보가 거리에 나붙고 유세로
떠들썩한 게 선거인 줄 알았는데,
그게 아니네.
무대에 오르기 전 준비가 장난이 아니구나.
무대는 그야말로 준비한 걸
보여 주는 자리일 뿐!

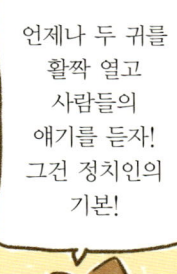

선거 운동 기간 중에 할 수 있는 세 번의 찬조 유세는 30년을 한결같이 이 동네에서 진료해 온 원장님, 그리고 동네 빵 가게 아저씨와 근호 씨가 해 주었습니다. 그중 사람들의 눈길을 가장 많이 끈 유세는 근호 씨가 해 준 것이었습니다.

근호 씨는 '저는 장애물 달리기 선수가 아닙니다!'라는 팻말을 들고서, 직접 사거리 8차선 도로에 설치된 네 개의 신호등과 두 개의 보행섬을 건너는 시범을 보여 주었습니다. 신호등을 건넌 근호 씨의 휠체어는 걸핏하면 도로 턱에 걸려 인도로 못 올라오고 질주하는 차들 사이에 남겨지기 일쑤였습니다. 겨우 인도에 올라와도 사람들 틈에 끼어 못 움직일 때가 많았습니다. 사거리 신호등을 한 번씩 건너 다시 제자리로 돌아오기까지 비장애인보다 서너 배나 많은 시간과 힘을 쓴 근호 씨는 땀범벅이었습니다.

그 모습을 많은 사람들이 지켜보았습니다. 근호 씨는 백 마디 말보다 더 큰 설득을 해냈습니다.

선거 운동 기간이 끝나고 투표 날이 되었습니다.

서민주는 일찌감치 투표를 마치고 집으로 돌아왔습니다.

'사람들이 나를 뽑아 주었을까? 당선될 수 있을까?'

어찌 생각하면 붙을 것 같다가도, 다시 생각하면 떨어질 것도 같은 게 종잡을 수가 없었습니다. 서민주는 잠깐 단잠을 자고, 선거 사무실로 나갔습니다. 선거 기간 내내 서민주를 도와주었던 사람들도 하나둘 모여들었습니다.

오후 6시, 투표가 끝나고 발표된 투표율은 64.9퍼센트.

넉넉히 잡아도 세 명 중 한 명은 투표를 하지 않았다는 말입니다. 투표는 국민들이 자신의 정치적 의사를 보여 줄 수 있는 절호의 기회이기도 하고, 자신의 삶에 큰 영향을 끼칠 정책을 스스로 선택할 수 있는 기회이기도 합니다. 민주주의의 실현을 위해 오랜 역사에 걸쳐 싸우고 또 싸워 얻어 낸 권리이기도 한 것에 비하면 좀 실망스러운 투표율이었습니다.

텔레비전에서는 여론 조사 중 가장 정확도가 높다는 출구 조사 결과가 발표되었습니다. 서민주가 38퍼센트로 앞서는 걸로 나오자 사무실에 기쁨의 환호가 터졌습니다. 하지만 상대 후보도 34퍼센트의 예상 득표율을 보였습니다. 이 정도는 표본 조사의 특성상 뒤집어질 수도 있는 차이입니다.

한 표 한 표 개표되면서 상대 후보와 선두가 뒤집어지길 두 차례. 자정을 조금 넘어서자 텔레비전 화면에 '당선 확실'이라는 글자가 국회를 상징하는 노란 배지와 함께 서민주의 사진 위에 떴습니다. 사무실에 승리의 박수와 함성이 울려 퍼지고, 동시에 축하 전화벨이 여기저기서 팡파르처럼 울렸습니다.

"제게 주신 한 표, 헛되지 않도록 열심히 뛰겠습니다. 4년 뒤 잘했다 칭찬받도록 노력하겠습니다."

서민주는 텔레비전 당선 인터뷰를 통해 국민들 앞에서 새롭게 각오를 다졌습니다. 그리고 살그머니 사무실을 빠져나와 거울에 비친 자신의 단단한 눈빛을 조용히 응시하며 다짐했습니다.

'국회의원 서민주. 이제 시작이야. 제대로 해 보자고.'

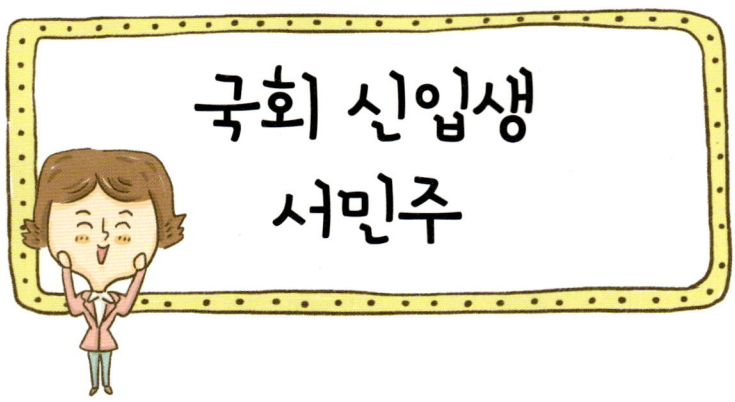

먼저 국회 의장단을 뽑았고, 다음 주부터 임시 의회를 열기로 본격적인 의사일정도 정했습니다.

여기서 잠깐!

비례 대표란?

정당들이 선거가 치러지기 전에 지역과 직업, 계층 같은 것을 고려해서 미리 정해 놓은 후보입니다. 여성, 장애인, 농어민, 다문화 가정, 새터민처럼 자신의 주장을 펴기 쉽지 않은 사람들이 주로 후보가 됩니다. 자신들만의 힘으로 당선되기는 힘들지만, 이들도 우리 사회의 구성원이기에 그들의 주장과 이익도 반드시 정책에 반영될 수 있도록 하려고 만든 제도입니다. 의료인들이나 법조인들 같은 전문가들도 자신들의 이익을 실현하기 위해 비례 대표로 국회에 진출하기도 합니다. 각 정당들은 비례 대표 1번, 2번, 3번, 이런 식으로 후보들을 선거 관리 위원회에 등록해 둡니다.

투표할 때 유권자들은 두 장의 투표용지를 받습니다.

기표하고 나서, 각각 해당하는 투표함에 넣습니다.

이 중 정당에 투표한 종이를 모아 득표한 수에 비례해서 미리 정해 놓은 후보들을 당선시켜 줍니다.
이게 비례 대표제이지요. 김선재 의원은 이렇게 당선된 것이랍니다.

네, 반갑습니다. 김선재 의원님!

서민주 의원은 얼른 다가가 손을 맞잡으며 인사를 건넸습니다.
이것만으로도 벌써 어깨에 힘이 부쩍 솟는 기분이었습니다.

김선재 의원이 나가고, 서민주 의원은 맨 위에 있는 종이 뭉치를 손에 들었습니다. '소득세법 일부 개정 법률안', 제목만 보자면 소득세법이니까 소득에 따라 걷는 세금에 대한 법을 개정, 즉 원래 있는 내용 중에서 조금 바꾸자는 것입니다. 새로 만드는 법안이면 제정이라고 하거든요.

법률안이 빼곡한 종이를 천천히 넘겨 보던 서민주 의원이 갑자기 반가운 환성을 질렀습니다.

"이거 혹시 부자 증세라고 내내 시끄러웠던 그 법안이에요? 입장 차이가 엄청 크더니 아직까지 통과가 안 되고 있었네요."

"네, 워낙 많은 사람의 이해관계가 걸린 문제니까요. 처리하기가 쉽지 않죠."

심미연 보좌관이 차분하게 대답했습니다.

"저는 이렇게 생각합니다. 누구나 자기 주머니에서 돈 나가는 것은 아깝습니다. 그렇다고 재벌 회장이나 초등학교 꼬마나 새우깡 사면 똑같이 내게 되는 그런 간접세로만 자꾸 예산을 메꾸려 하면 안 됩니다. 가지고만 있어도 돈을 벌어 주는 부동산이나 아무 노력 없이 저절로 받게 되는 상속 재산 같은 것에 세금을 물려야죠. 재산이 있는 곳에 세금이 있다, 이걸 모두가 확실히 알아야 합니다."

박기동 보좌관이 끼어들어 열변을 토하고선, 이내 머쓱한 듯 머리를 긁적였습니다. 박기동은 국회 홈페이지에서 보좌관을 구하는 공고를 보고 지원하여 함께 일하게 된 초보 보좌관입니다. 정치야말로 사람을 행복하게 해 줄 수 있는 기술이라는 생각을 가지고 폭넓게 세상을 경험하고 이해하려 애쓰는 점이 돋보이는 사람이죠. 아직 초보지만 열정 하나는 국회 최고 수준입니다.

"그래요. 그런 세금 구조가 지금 우리나라 복지의 발목을 잡는 큰 이유 중 하나죠. 다들 복지는 '오케이', 세금은 '노'이니까요. 하지만 세금이 아니면 어떻게 도로를 깔고 대중교통을 운영하고 수도며 전기를 이렇게 편리하게 쓸 수 있겠어요. 의무 교육, 무상 급식, 공공의료는 또 어떻고요. 우리의 공약을 실현하는 것도 결국은 예산을 확보해야 가능해요. 우리도 이 기회에 공부 좀 단단히 합시다."

서민주 의원의 말에 모두들 고개를 끄덕이며 수험생처럼 공부에 돌입했습니다. 국회의원이 나라의 정책을 세우는 가장 직접적인 방법은 국회에 상정되는 수많은 법률안에 찬성 또는 반대를 하는 것입니다. 그러니 잘못된 찬성이나 잘못된 반대를 하지 않으려면 잘 알아야 합니다. 그걸 국회의원 혼자의 힘만으로는 하기 어려우니 보좌관을 둘 수 있게 세금으로 지원하는 겁니다.

다들 열심히 법률안을 연구하고 있는데, 법안을 제출한 의원실에서 연락이 왔습니다. 법안에 대한 이해를 돕기 위해 정책 토론회를 연다는 것이었습니다.

오후 8시부터 국회 소회의실에서 열린 토론회에는 이 법안에 쏠

린 국민들의 관심을 반영하듯 많은 의원들과 보좌관들이 참석했습니다. 세금을 연구하는 여러 전문가들도 토론회를 도와주기 위해 함께했습니다.

먼저 법안의 대표 발의자인 조병철 의원이 지금까지의 과정과 입법안에 대한 설명을 시작했습니다.

"우리나라의 세금 구조를 보면 간접세의 비율이 갈수록 높아지는 반면 직접세의 비율은 갈수록 낮아지는 추세입니다. 이렇게 되면 부자나 그렇지 않은 사람이나 똑같이 세금을 내는 항목이 갈수록 많아져, 결과적으로 부자들의 재산을 지켜 주는 역효과를 낳게 됩니다. 이 법안의 핵심은 지금까지 한 해 급여가 3억 원이 넘는 사람에게만 적용하던 최고 세율을 급여 기준 2억 원인 사람에게도 적용하자는 것과 3억 원 이상의 고액 연봉자들은 섬세하게 단위를 쪼개 최고 세율에 중과세 하자는 겁니다. 이러한 법률 개정을 통해 지나치게 불평등하게 기울어 있는 생활 수준의 형평성을 회복할 수 있을 거라 기대합니다. 이는 이 법안에 국민들 스스로 '부자 증세'라고 이름 붙인 데서 알 수 있듯, 법안의 핵심 의미이기도 합니다. 더불어 세금 수입의 증가는 국정의 원활한 운영에도 보탬이 될 것입니다."

발언하는 동안 개정안이 통과되었을 때 증가하는 세금의 액수와 납세자의 숫자 같은 통계가 자세히 적힌 자료가 나뉘었습니다. 설명이 끝나자, 다른 의원이 손을 들었습니다.

"우리 당은 이 법률안에 대해 찬성 입장이지만, 능력대로당은 여전히 반대하는 입장일 겁니다. 좀 더 구체적인 설득 방안을 마련해야 할 것 같아요."

그러자 다른 의원이 덧붙였습니다.

"다른 선진국들의 조세 정책을 살펴보면 우리나라의 조세 정책에 대해서도 좀 더 객관적으로 생각해 볼 수 있을 겁니다. 성공적인 사례를 들어 보이는 거죠."

그러자 토론회를 도와주기 위해 참석한 경제학 교수가 쉽고도 자세하게 각국의 조세 제도에 대해 설명을 해 주었습니다. 서민주 의원은 연신 고개를 끄덕여 가며 열심히 들었습니다. 다른 의원이 또 다른 제안을 했습니다.

"이런 방법도 있습니다. 노블레스 오블리주라고 하죠. 고위층 인사들의 도덕적 의무 같은 거요. 그런 도덕적 측면에서 접근할 필요도 있습니다. 얼마 전, 부자인 내게서 세금을 더 걷어 가라고 해서 크게 화제가 되었던 워런 버핏이나 빌 게이츠, 투기 자본의 상징인 조지 소로스까지. 그때 사람들의 열띤 찬사 보셨죠? 가진 것을 움켜쥐고 있으면서 그저 자기 자식과 손주에게만 상속하려 드는 뻔뻔한 부자들에게 국민들이 화가 난 거죠."

뜨거운 박수가 쏟아지며 분위기는 점점 달아올랐습니다. 토론이 계속될수록 제출한 법안에 대한 공감과 표결 의지도 더욱 높아만 갔습니다.

그리고 며칠 뒤 본회의장에서 이 법안은 표결에 부쳐졌습니다. 발의자가 먼저 개정 법률안에 대한 설명을 마치자, 토론이 진행되었습니다. 능력대로당에서도 개정 법률안 반대를 위해 본회의장에서의 토론을 미리 신청해 둔 겁니다. 능력대로당의 발언이 시작되었습니다.

"우리 당도 기본적으로 국가의 역할과 세수의 증대, 복지의 확대에 찬성합니다. 하지만 그것이 개인의 재산권에 대한 지나친 침해를 뜻하는 것은 아닙니다. 우리나라는 헌법에서 개인의 재산권을 보장하고 있습니다. 그러니 하위 법률이 헌법 정신에 위배되어서는 안 되는 겁니다."

능력대로당의 발언이 계속 이어졌습니다.

"나누자당은 이런 후폭풍에 대해서는 생각해 보셨는지 모르겠습니다. 지나친 증세로 인한 탈출 말입니다. 얼마 전 프랑스를 비롯한 유럽의 부자나 배우들이 지나친 세금을 피해 국적을 포기하고 세금 망명을 갔다는 기사들은 다들 보셨을 겁니다. 그리고 실제로 세수 증가 효과는 그리 크지도 않아요. 세계적 흐름과도 반대로 갈 뿐이죠."

다시 법안을 발의한 의원의 반론이 이어졌고, 서로의 공방은 지치지도 밀리지도 않고 마치 탁구 경기처럼 계속되었습니다. 이러한 과정이 길어질수록 두 당의 차이점이 고스란히 드러났습니다. 서민주 의원은 생각했습니다.

'거두어들인 쌀을 자신의 곳간에만 채울 것인가, 아니면 두루 나누어 먹을 것인가 하는 건데. 내 생각엔 나누어 먹는 게 당연하고 백번 좋은 것만 같은데, 사람들의 생각이란 이렇게 다르구나.'

국회에서 모든 법안은 표결로 확정되고, 국회의원들은 표결로 자신의 의지와 뜻을 행사해야 합니다. 모든 표결은 당연히 국민 앞에 공개됩니다.

서민주 의원은 찬성 버튼을 힘 있게 눌렀습니다.

곧바로 표결 현황판에 찬성을 뜻하는 초록 불과 반대를 뜻하는 빨간 불이 일제히 켜졌습니다. 결과는 부결, 부자에게 세금을 더 물리자는 이른바 부자 증세 법안은 능력대로당의 반대에 부딪혀 통과하지 못했습니다.

서민주 의원은 사무실로 돌아가며 깊은 생각에 잠겼습니다. 숫자가 바로 힘이라면 어떻게 돌파구를 찾을 수 있을까?

신입생은 모든 게 처음이야

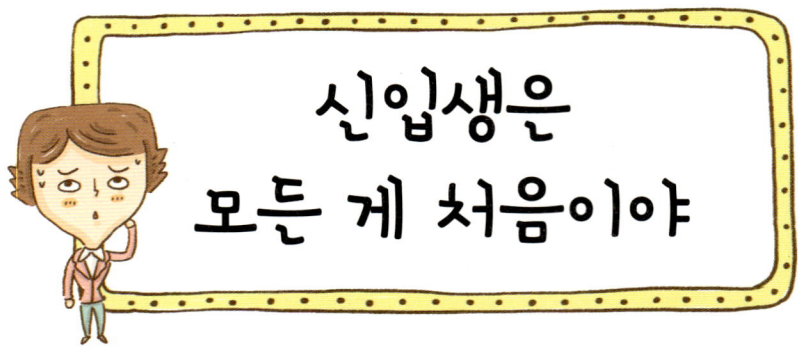

이번에 감사원장에 '나대로 씨'를 임명하려 합니다. 동의해 주세요.

일단 인사 청문회를 열어서 그 사람이 어떤 사람인지 꼼꼼하게 심사부터 하겠습니다.

잠깐!

감사원장 임명 동의안

대통령

국회

대통령이 감사원장 임명 동의안을 국회에 제출하면서 인사 청문회 일정이 잡혔습니다.

잠깐 또 살펴볼까요?

공직자를 임명할 수 있는 대통령의 인사권을 견제하기 위해 국민의 대표 기관인 국회가 인사 청문회를 엽니다. 대통령이라도 함부로 권력을 행사하지 못하도록 브레이크 역할을 하는 것이지요.

나, 대통령이니까 내 맘대로 할래!

어림없는 소리! 국민을 대표해서 국회에서 먼저 검토하고!

감사원장은 세금이 드나드는 것을 결산하고, 국가와 법률이 정한 단체의 회계 감사도 하는 사람입니다. 거기에 행정 기관과 공무원에 대한 감찰까지 하니 현대판 암행어사라고 할 수 있어요. 그러니 정부로부터 완전히 독립된 중립적 헌법 기관으로서 역할을 수행할 만큼 심지가 굳고 청렴결백한 후보를 임명해야 하겠지요.

맞아, 나도 작년에 텔레비전으로 봤었지!

보건복지부 장관 후보자 인사 청문회

어디, 인사 청문회 좀 봐 볼까? 보건복지부 장관 후보 청문회군.

한국 사회가 점점 고령화되어 가고 있는데, 노인 복지를 위해 생각하고 계시는 정책은 어떤 게 있으세요?

음……. 아직은 생각해 본 바 없어요. 뭐, 장관 되면 생각해 보죠.

재산 부정 축적, 군대 면제 등 국민 정서에 반하는 일을 많이 하셨던데요?

다 할 만하고 능력 되니 한 거죠.

요즘 뜨거운 감자로 떠오르고 있는 의료 민영화에 대해서는 어떤 입장이십니까?

감자 얘기 하니 배고프군요. 밥 먹고 다시 하죠.

허걱, **어이없어!!!**

서민주 의원은 일단 나누자당 당사로 향했습니다. 스타 의원이라는 것도 좀 끌렸고, 그냥 특별 위원회가 구성되는 과정을 지켜보는 것만으로도 의미 있는 일이기 때문입니다.

당사까지는 지하철로 두 정거장만 가면 됩니다. 발걸음도 가볍게 계단을 내려가던 서민주 의원은 멈칫, 섰습니다. 붐비는 사람들을 피해 역으로 내려가는 계단참 벽에 바짝 붙어 서 있는 두 할머니를 보았기 때문입니다.

"에구, 관절이야. 엘리베이터가 있으면 얼마나 좋아? 병문안 다녀오다 내가 병나게 생겼네그려."

한 할머니의 말에 다른 할머니도 힘겹게 선 채로 고개를 끄덕였습니다. 그 순간, 정신없이 쏟아지는 눈앞의 일들 때문에 어느새 뒤로 밀려나 버린 장애인 이동권 문제가 다시 떠올랐습니다.

서민주 의원이 당사에 들어섰을 때는 벌써 많은 의원들이 모여 의견을 나누고 있었습니다. 아직까지는 주로 개인적으로 알고 있는 정보를 모으는 정도였지만, 벌써 그 안에서 본격적인 청문회 내용이 마련되고 있었습니다.

몇몇 의원들이 의욕적으로 인사 청문 특별 위원을 해 보겠다며 신청을 했습니다. 이제 특별 위원회에 소속되는 의원들은 후보 내정자와 그 가족에 대한 자료까지 모든 것을 살펴보게 됩니다. 후보자의 업무 수행 능력은 충분한지, 이력에 흠집은 없는지, 법을 위반한 적은 없는지, 이 모든 것들이 청문회에서 다루어집니다. 이것들을 위해 금융 자료부터 병역 자료, 심지어 의료 기록까지 다 공개되고 검토하게 됩니다.

서민주 의원은 감사원장 인사 청문 특별 위원회에는 빠지기로 결정했습니다.

'교통 약자들의 권리를 제대로 실현하는 게 내겐 더 급한 일이야.'

인사 청문회는 비교적 순조롭게 진행되었습니다. 청문회에 나온 감사원장 후보자는 의원들의 질의에 성실하게 답변하며 적극적으로 자신의 의견을 말하기도 했습니다. 후보자에 관련된 증언을 하기 위해 청문회장에 나온 증인이나 참고인들의 의견도 고르게 좋았습니다.

서민주 의원도 청문회를 지켜보며 국민들을 대신해 면접을 보는 마음으로 후보자에 대한 점수를 매겨 보았습니다. 감사원장 후보는 꽤나 높은 점수를 받았습니다.

특별 위원회도 별다른 이견은 없었는지 경과 보고서를 채택해 본회의에 제출했습니다. 이제 과반수 출석에 과반수 찬성이라는 조건만 통과하면 새로운 감사원장이 임명됩니다.

처음으로 인사 청문회 표결을 하게 된 서민주 의원은 찬성 버튼을 꾹 눌렀습니다.

'감사원장님, 제 한 표 소중하게 쓰이길 바라요.'

상임 위원회가 뭘까요?

상임 위원회는 어떤 안건을 법으로 만들기 전에 그 안건에 대해 미리 심사하는 위원회를 말해요. 현재 우리나라 국회에는 16개의 상임 위원회가 있어요.

국회운영위원회, 법제사법위원회, 정무위원회, 기획재정위원회, 미래창조과학방송통신위원회, 교육문화체육관광위원회, 외교통일위원회, 국방위원회, 안전행정위원회, 농림축산식품해양수산위원회, 산업통상자원위원회, 보건복지위원회, 환경노동위원회, 국토교통위원회, 정보위원회, 여성가족위원회 등이에요.

국회의원이 자신이 정책을 펼치고 싶은 분야의 위원회를 결정하여 신청서를 제출하면 국회의장이 임명하지요. 모든 국회의원은 의무적으로 한 개의 상임 위원회 활동을 해야 해요.

상임 위원회 구성은 대체로 행정부의 조직과 연결되어 움직이기 때문에 정권이 바뀌어 행정부가 새로 구성되면 상임 위원회도 새롭게 만들어지거나 없어지기도 한답니다.

국회의원 보좌관이 궁금해요.

우리나라에서는 국회의원 1명이 9명의 보좌관을 둘 수 있어요. 현재 우리나라 국회의원 수가 299명이니 약 2700명의 보좌관이 활동하고 있는 셈이에요. 보좌관은 국회의원이 아는 사람을 국회로 데리고 들어오기도 하고, 국회 홈페이지에 공고를 띄워서 뽑기도 해요. 보통 국회의원과 보좌관은 신뢰로 맺어진 정치적 동반자 관계입니다. 보좌관 월급은 세금에서 나가요. 또 보좌관의 임기는 정해진 게 없답니다.

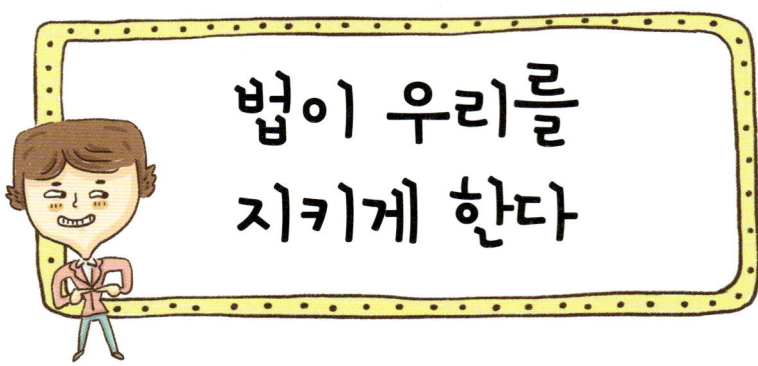

그리고 드디어! 두둥 8월의 끝 무렵,

만세! 만세!! 만세!!!

온 나라 교통 약자들의 힘찬 첫걸음을 위한 예비 법안이 만들어졌습니다.

가칭 '장애인 이동권 보장법'

1. 장애인들이 모든 교통수단을 무료로 자유롭게 이용할 수 있는 교통증을 발급한다.

2. 활동 보조인이 필요한 경우에는 24시간 보장한다.

3. 앞으로 교체되는 모든 버스는 100퍼센트 저상 버스 도입을 의무화한다.
(저상 버스는 일반 버스보다 출입문이 5센티미터가량 낮고, 바닥이 출입문과 같은 높이입니다. 중간 출입문에는 휠체어나 유모차의 출입을 위해 인도와 출입문을 연결하는 이음 장치(경사로)가 설치되어 있어, 휠체어를 사용하는 장애인은 물론 거동이 어려운 노인이나 보폭이 좁은 어린이들도 안전하게 타고 내릴 수 있습니다.)

4. 모든 지하철역에는 교통 약자를 위한 엘리베이터를 설치한다.

5. 정부 산하에 교통 위원회를 설치하고, 각 지방 자치 단체는 이에 필요한 전담 공무원을 둔다.

6. 소요되는 모든 예산은 국비로 지원하는 것을 원칙으로 한다.

7. 차별을 당했을 때 구제 청구권을 보장한다.

서민주 의원은 이렇게 큰 틀을 잡은 것만으로도 가슴이 마구 벅차올랐습니다. 하지만 역시 숨은 고수들의 능력과 안목은 서민주 의원보다 한 수 위였습니다. 밥을 먹으면서도, 차를 마시면서도 토론은 계속되었습니다.

"그런데 문제는 결국 기획재정위원회를 어떻게 움직이느냐예요. 실질적으로 기획재정위가 재정이나 경제 정책에 대한 결정을 하니까 말이에요. 아무리 법안이 좋으면 뭐해요, 예산 배정을 못 받으면 그림의 떡인걸요."

그 말에 김선재 의원이 입을 열었습니다.

"사실 일을 제대로 하자면 국회 산하에 장애인 특별 위원회를 만들어야 해요. 이게 한 사람 국회의원은 물론이고 하나의 상임 위원회에서 해결할 수 있는 문제도 아니거든요. 기획재정위 얘기부터 나왔지만, 보건복지위, 국토교통위, 산업통상자원위, 여성가족위까지 다 이 법률안에 영향을 받게 되어 있어요. 자칫 잘못하면 법만 그럴싸하게 만들어 놓고 끝나 버리는 수가 있어요. 우리 어렸을 때 방학 계획표처럼 말이죠."

"그럼 앞으로 어떻게 하는 게 좋을까요?"

서민주 의원이 벅찬 가슴을 가라앉히며 물었습니다.

"특별 위원회 설치는 교섭 단체 원내 대표들이 일단 합의를 하는 게 가장 우선입니다. 그러니 서 의원님은 서 의원님 당에서, 나는 내

당에서 특별 위원회 자체를 의원들에게 널리 알리고 관심을 높여서 합의에 이르게 해야지요. 그러니 서 의원님이 이번 정기 국회 때 힘 좀 써 보세요."

서민주 의원은 '힘'이라는 말에 자신이 어떤 힘을 가지고 있는지 가늠해 보았습니다. 힘에는 천하장사의 힘도 있고, 돈의 힘도 있고, 권력의 힘도 있고, 미모의 힘도 있습니다.

'나는 그보다 더 센 게 있어. 바로 헌법이 보장해 주는 입법 기관으로서의 힘 말이야.'

서민주 의원은 씩, 웃었습니다.

9월 정기 국회까지 얼마 남지 않았지만, 발 빠르게 움직인다면 불가능할 것도 없습니다.

장애인 이동권 보장 법률안을 통과시키고 동시에 국회 산하에 장애인 특별 위원회를 설치해 법안을 실현시키는 것!

희망과 열정이 가득한 서민주 의원의 의원실 밖으로 더위가 서서히 물러가고 있었습니다.

1년에 딱 한 번, 정기 국회

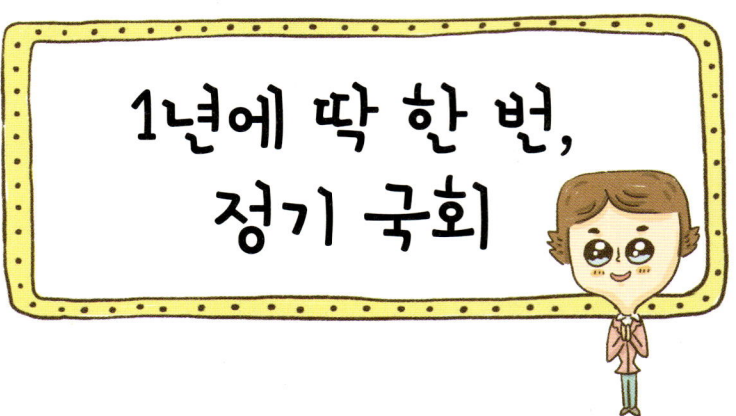

9월 1일 정기 국회 시작. 지금부터 장장 100일간 이어집니다.

6월 - 임시 국회
7월 - 감사 청문회
8월 - 장애인 이동권 보장 법률안 준비와 특별 위원회 구성을 위한 준비

휘리릭

아, 정말 시간이 정신없이 지나갔구나…….

정기 국회가 중요하냐고? 두말하면 잔소리!

정기 국회 동안 국정 감사가 이루어지고 예산안 심의도 확정해. 법률 제정도 계속하고 말이야. 국회 활동의 꽃이라고나 할까!

첫 시작은 역시 교섭 단체 대표 연설입니다.

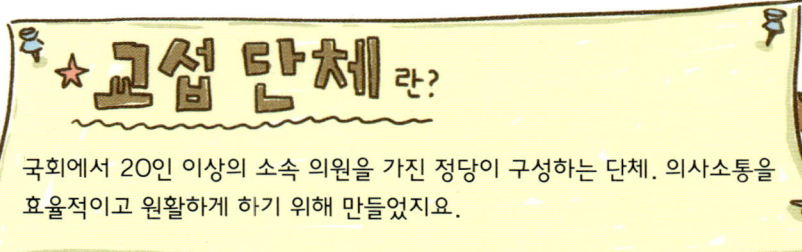

오늘은 서민주 의원 생애 최초
대정부 질문의 날!

9월 11알 두둥

다들 날 보고 있어.
자, 침착하게
시작하자.

정부 대표 국무총리

존경하는 국무총리와 여러 의원님들, 기자들과 참관하러 오신
국민 여러분. 저의 작은 경험담을 하나 들려 드릴까 합니다.
대학 시절 저는 일본으로 배낭여행을 갔다가 기차에서 한 친구를
만났습니다. 영국인이었는데 저처럼 배낭여행 중이더군요.
더듬더듬 얘기를 나눠 보니 쾌활한 친구였고, 우연히 가는
목적지도 같았습니다. 다 좋았습니다. 그 친구가 휠체어를 탄다는
것만 빼고는요. 어떻게 저런 몸으로 여행을 나섰담? 같이 다니면
내내 힘들어지는 것 아냐? 솔직히 저는 좀 걱정스러웠습니다.
그런데 우리가 내려야 할 기차역에서 저는 깜짝 놀라고
말았습니다. 이 친구가 도착하기를 기다리던 역무원들이
기차가 서자마자 기차에 올라와서 친구를 역 바깥까지 안전하게
데려다 주더군요. 더 놀라운 건 여행 내내 그랬다는 겁니다.
그 친구, 움직이는 데 아무런 걱정이 없어 보이더군요.

사실 오늘 이 자리에 참관하러 오고 싶어 한 장애인들이 몇몇 있었고,
참관 신청도 마친 걸로 알고 있습니다. 하지만 그들은 아직
이 자리에 단 한 사람도 도착하지 못했습니다. 단체로 늦잠이라도
잔 걸까요, 단체로 배탈이라도 났을까요? 아닙니다, 결코 아닙니다.
그들은 지하를 향해 아득하게 뻗은 계단 앞에, 결코 기다려 주지 않는
택시와 버스 앞에, 절반도 채 건너기 전에 바뀌어 버리는 야속한
신호등 앞에 여전히 서 있을 겁니다.

의원 사무실로 돌아오자, 기자들의 인터뷰 요청이 여러 건 들어와 있었습니다. 한 회기당 발의되는 법안의 숫자는 1000여 건을 훌쩍 넘는 것이 보통이고, 그러다 보면 실제로 국민들의 생활에 엄청난 영향을 끼치는 법안임에도 불구하고 소리 소문 없이 슬그머니 처리되어 버리는 경우도 많습니다. 그러니 언론이나 인터넷, 소셜 네트워크 서비스(SNS) 등을 통해 발의한 법안을 널리 알리고 사회적으로 이슈화하여 관심을 끌어 올리는 것은 매우 중요한 일입니다.

서민주 의원은 많은 인터뷰를 일일이 할 수는 없을 것 같아 기자 간담회를 열었습니다.

"장애인 이동권이라는 말을 사용하셨는데, 구체적으로 무슨 뜻입니까?"

"제가 말한 이동권은 물리적 장벽, 특히 대중교통을 이용할 때 방해가 되는 것들을 없애 장애인의 자유로운 이동을 보장하는 권리를 말합니다. 이 이동권은 인간의 최소한의 권리이고, 원활한 사회 활동을 위한 기본 기능입니다. 이게 해결이 안 되면 교육, 노동, 문화, 친밀한 관계 등 사회에의 참여가 아예 처음부터 가로막히게 되기 때문이죠."

서민주 의원의 대답에 컴퓨터 자판 두드리는 소리가 사무실에 일제히 울려 퍼졌고 대답은 계속됐습니다.

"우리나라 헌법은 제34조 1항에 모든 국민은 인간다운 생활을 할 권리를 가진다고 명시하여 국가의 의무를 밝혀 놓았습니다. 같은 34

조 5항에는 신체장애자 및 질병·노령, 기타의 사유로 생활 능력이 없는 국민은 법률이 정하는 바에 의하여 국가의 보호를 받는다고도 밝혀져 있습니다. 여기서 말한 '법률이 정하는 바'라는 말은 헌법을 실제로 지키기 위한 수단을 입법부에서 만들라는 것입니다. 바로 그것이 국회의원들이 입법부의 지위로서 마땅히 해야 할 일이고요."

다른 기자가 연이어 질문을 던졌습니다.

"입법의 뜻은 물론 좋지만 적지 않은 예산이 필요할 걸로 보이는데, 본회의에 무난히 통과하리라고 예상하십니까? 계속된 경기 침체로 걷힌 세금이 많이 부족한 데다, 지난 국회에 상정되었던 이른바 부자 증세 법률안도 부결되지 않았습니까?"

서민주 의원도 쉽게 입을 열지는 못했습니다. 의원들이 발의하는 모든 법안은 제각각 의미가 있고 중요한데, 그 모든 것을 국가가 걷어들인 세금 안에서 해결해야 하니 말입니다. 가정도 마찬가지지만 국가도 적자가 나서는 안 됩니다. 수입과 지출의 균형이 맞아야죠.

"저도 무척 고민한 부분입니다. 그래도 모든 일에는 얼마나 급하게 해결해야 하느냐, 또 얼마나 중요한 일이냐에 따라 순서가 있다고 생각합니다. 그 순서에 따라 급하고 중요한 일부터 예산을 투입해야 하고요. 장애인 이동권 문제는 우리 사회의 평등한 인권 실현을 위해 매우 시급한 과제입니다. 많은 국민들의 공감과 지지를 부탁드립니다. 그 힘과 의지가 입법을 가능하게 하니까요."

이렇게 기자들과의 간담회는 끝났습니다. 다행히 언론사마다 관심 있게 다루어 주었습니다. 서민주 의원은 발 빠르게 움직인 덕분에 9월이 끝나 갈 즈음에는 장애인 이동권 보장법 제정을 추진하기 위한 국회의원 모임을 만들 수 있었습니다. 그것도 무려 98명이나 되는 의원들이 소속 당을 떠나 지지의 손길을 내밀어 준 겁니다.

모임을 만들며 연 기자 회견 장소에는 저번 간담회보다 훨씬 많은 언론사들이 와 주었고, 이후에도 기자들은 저상 버스 생산 공장 견학이나 세미나 같은 활동에도 계속 관심을 가져 주었습니다. 장애인들 또한 직접 길거리에서 이동권 보장을 위한 서명 운동을 벌여 시민들의 공감을 끌어냈습니다. 좀 더 적극적인 관심을 끌어내기 위해 버스

타는 날과 지하철 타는 날을 정해 길거리에서 자신들이 처한 상황을 직접 보여 주기도 했습니다.

그 현장을 보도하는 신문 사진에서 서민주 의원은 이근호 씨의 얼굴을 보았습니다.

하지만 서민주 의원이 정기 국회 기간 동안 해야 할 일은 그뿐만이 아니었습니다. 당장 내일부터 국정 감사를 받는 해당 기관들에 감사를 나가야만 합니다. 국정 감사는 나라의 정치 이모저모를 어떠한 제한도 없이 파헤칠 수 있는 입법부의 거의 유일하고 가장 막강한 권한으로, 상임위별로 30일 이내의 기간을 정해 정기 국회 중에 실시합니다.

그런데 문제는 공휴일과 주말을 제외한 20일 정도 되는 국정 감사 기간에 종합 국정 감사와 630여 개에 달하는 기관들을 감사하는 상임위별 감사까지 해야 한다는 것입니다. 국토교통위원회만 해도 주택, 토지, 건설, 수자원 등의 국토 분야와 철도, 도로, 항공, 물류 등의 교통 분야에 대한 감사를 해야 합니다. 소관 부처와 기관, 공기업만 해도 국토교통부와 개발청, 인천국제공항공사, 한국도로공사, 한국철도공사, 한국토지주택공사, 교통안전공단 등 30개에 가깝습니다.

서민주 의원의 사무실은 국정 감사를 위해 각 기관들에 신청하여 받은 자료들로 발 디딜 틈조차 없습니다. 이 모든 자료들을 읽고 분석해 한 해 동안 사업을 잘해 왔는지 감사를 해야 하니, 모든 의원들과 보좌관들은 이 기간에 세상 누구에게도 뒤지지 않을 만큼 바쁘고 날카롭고 치열하게 지냅니다. 감사는 한자로 '監(살필 감)査(조사할 사)'라고 쓰니 조사하고 살피는 일입니다. 이 '監査'를 잘해야 국민들에게서 '感(느낄 감)謝(보답할 사)'하다는 칭찬을 듣게 될 것입니다.

  서민주 의원은 국토교통부에서 보내온 산더미 같은 자료부터 책상 위에 올려놓았습니다. 그리고 대단한 결전을 앞둔 선수들이 하듯이, 목을 좌우로 꺾어 가며 몸을 풀고 자료에 덤벼들었습니다. 읽고, 메모하고, 생각하는 동안 서민주 의원은 조사하고 따지고 들어 고치게 해야 할 부분도 많이 발견했지만, 앞으로 법안을 마련하고 정책을 세울 때 알고 있어야 할 상황에 대해서도 많이 알게 되었습니다. 장애인 이동 실태에 대한 종합적인 자료를 얻었고, 각 자치 단체들의 현재 상태도 한눈에 파악할 수 있었습니다.

  "이거 대단한데! 이런 자세하고 방대한 자료를 요청만 하면 받아 볼 수 있다니 말이야."

  서민주 의원은 자료들이 마치 풍성하게 잘 차려 놓은 밥상이라도 되는 듯 흐뭇하게 바라보며 한마디 합니다. 그러자 맞은편에 앉아 자료를 살피고 있던 심 보좌관이 설핏 웃었습니다. 그걸 보고서도 서민주 의원은 왜 웃는지 몰랐습니다. 하지만 이유를 알게 되기까지는 그리 많은 시간이 걸리지 않았습니다. 책상 위에 쌓인 자료들은 한 장 읽으면 두 장으로 불어나는 마법이라도 부리는 건지 아무리 봐도 줄어들지를 않았습니다.

이뿐만이 아닙니다. 저 건너 탁자에는 새해 예산안이 또 한 보따리 올려 있습니다. 예산안 편성·제출권을 가진 정부가 올린 자료들과 그것에 대한 심의·확정권을 가진 국회가 만든 자료들입니다. 의견에 의견이 붙고 그 의견에 의견이 따르는 식이니 자료 하나에 첨부되는 자료들은 점점 덩치가 불어날 수밖에 없습니다. 물론 예산안 심사를 담당하는 예결산 특별 위원회에서 세밀한 조정은 하겠지만, 역시 의결은 본회의에서 해야 합니다. 그러니 허투루 다루어서는 안 됩니다. 국고가 새는 일 없이 국민들을 위해 제대로 쓰이게 하는 것도 국회의원의 임무 중 하나이니까요.

심미연 보좌관이 서민주 의원에게 걱정스럽게 한마디 했습니다.

"의원님, 임시 국회가 100미터 달리기였다면 정기 국회는 장장 100일 동안 이어지는 마라톤이에요. 초반에 힘 다 빼지 말고 체력 안배하세요."

심미연 보좌관의 충고는 다음 날 전혀 엉뚱한 곳에서 맞아떨어졌습니다. 100일간의 마라톤이라면 비 내리고 벼락 치는 날도 있게 마련이라는 듯 말입니다.

법률 제정 절차는 어떻게 될까요?

❶ **법률안 제출**: 법률안은 국회의원이나 정부가 제출할 수 있어요. 국회의원은 10명 이상의 발의로, 정부는 국무 회의 심의를 거쳐 할 수 있지요.

❷ **법률안 심의·의결**: 법률안이 제출되면 본회의에 보고되고, 소관 상임 위원회에서 심사를 해요. 상임 위원회의 심사 절차를 모두 통과하면, 법제사법 위원회로 넘어가고, 여기서 통과된 법안은 본회의에 상정되어 표결에 부쳐집니다. 재적 의원 과반수 출석, 출석 의원 과반수 찬성이면 최종 의결돼요. 하지만 제출한 법안들 가운데 상임 위원회를 통과하지 못하는 것들도 많아요. 이것들은 상임 위원회에서 폐기한답니다.

❸ **법률안 정부 이송**: 국회에서 통과한 법률안은 정부로 이송되어 국무 회의의 심의를 거쳐 대통령이 서명하고 국무총리와 관계 국무 위원이 함께 서명을 해요. 이로써 법률안은 법률로 성립합니다.

❹ **대통령의 거부권 행사와 국회의 재의**: 그런데 정부로 이송된 법률안에 이의가 있으면 대통령은 15일 이내에 국회에 돌려보내 재의를 요구할 수 있어요. 이때는 국회의원 과반수 출석, 출석 의원 3분의 2 이상 찬성이 있어야만 재의결되어 법률로서 확정될 수 있어요.

❺ **법률의 공표**: 대통령은 국회에서 이송된 법률안을 15일 이내(재의결된 법률은 5일 이내)에 공표해야 해요. 만약 이 기간 동안에 대통령이 공표하지 않으면 국회 의장이 하게 됩니다.

❻ **효력 발생**: 법률에 특별한 규정이 없으면 공표 후 20일이 지나면 효력이 발생해요.

일반 국민도 법 제정을 요청할 수 있을까요?

우리나라에서는 불가능해요. 하지만 스위스에는 국민 10만 명 이상이 서명하면 안건을 제안할 수 있는 국민 발의 제도가 있답니다. 현재 스위스 국민 12만 6000명이 서명한 한 안건이 국민 투표에 부쳐지게 되었어요. 이는 직접 민주주의의 힘을 보여 주는 예라 할 수 있지요.

특별히 살펴봐요, 국정 조사

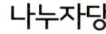

공공 의료는 국민 모두의 건강권이 걸려 있는 문제인 만큼, 국민들의 관심이 집중되었습니다. 그래서 여당과 야당은 정기 국회 기간인데도 불구하고 100명이 넘는 의원들이 국정 조사 요구서에 서명을 했고, 원내 대표 회의를 열어 국정 조사에 합의했습니다.

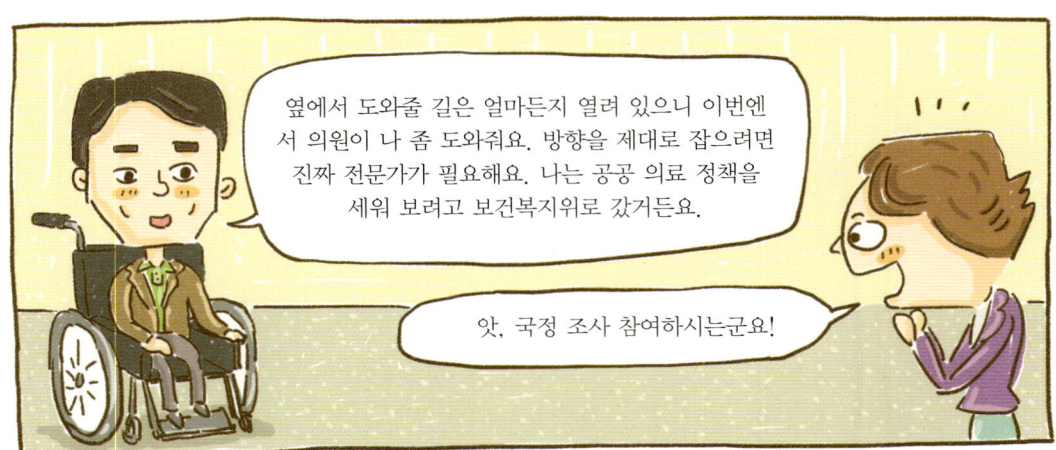

국정 조사 위원회가 꾸려지자 소속 의원들은 이익시에 내려가 상황을 파악하고 대책을 마련하느라 얼굴 보기조차 힘들어졌습니다. 김선재 의원은 국회의원의 권리 중 하나인 비공개 회의록 및 기타 비밀 참고 자료 열람의 권한을 한껏 이용해 공공 의료의 모든 면을 조사해 들어갔습니다.

위원회가 열리자마자 치열한 공방이 오갔습니다.

"공공 의료야말로 서민들이 병들었을 때 기댈 수 있는 마지막 언덕과 같은 겁니다. 도시에서 일하는 직장인들이 매달 월급에서 자동으로 징수되는 부담스러운 건강 보험료를 불평 없이 납부하는 것은 그 돈으로 늙으신 부모님의 병원비 부담을 덜어 드리고 있다고 믿기 때문입니다. 공공 의료가 이렇게 수익의 논리에 따라 무너진다면 그들의 세금 저항은 불 보듯 뻔한 일입니다."

증인으로 출석한 이익시 시장이 기다렸다는 듯 답변을 시작했습니다.

"저도 공공 의료 자체를 반대하는 것은 아닙니다. 다만 의료원의 적자 폭이 너무 커서 그걸 열악한 지방 재정으로 감당하기는 너무 힘들다는 점은 첫째로 알아주시기 바랍니다. 그럼 그렇게 많은 적자가 나는 이유가 무엇인지 알아봐야 합니다. 제가 파악한 첫 번째 이유는 지나친 인건비 지출입니다."

다시 반론이 이어졌습니다.

"공공 의료 기관 특성상 환자의 대부분이 서민층이고, 또한 고령 환자들이 많아 의료 인력이 더욱 많이 필요할 수밖에 없는 상황입니다. 의료 인력이 환자의 필요에 따라 배치되는 것이 우선 아닙니까?"

"맞습니다. 그렇게 공공 의료 서비스가 좋다 보니 환자가 너무 많습니다. 환자가 많아지니 사람을 더 뽑아야 하고 따라서 인건비 지출은 더 많아지고. 이건 악순환입니다."

이익시 시장은 한 치도 밀리지 않았습니다.

"악순환이라뇨? 그게 제대로 되고 있는 거죠. 환자가 만족할 만한 의료 서비스가 제공되는 것이 의료원의 가장 중요한 역할 아닙니까? 또 인건비 지출이 문제라고 해도 그 해법으로 의료원 폐쇄가 아니라 의료 수가 개선이나 공공 의료 지원책 같은 것들로 얼마든지 해결할 수 있는 것이었습니다. 이번 조치는 지나치게 성급했습니다."

나누자당의 질의응답 시간이 끝나고 순서는 능력대로당으로 넘어갔습니다.

"우리의 복지 정책 방향은 필요한 사람에게 혜택을 주는 선별적 복지는 강화하면서 옳지 않게 혜택만 누리려는 사람들은 찾아내 복지 재정이 새는 것을 막는 것입니다. 무조건 퍼 주기가 국가 정책의 방향이 될 수는 없는 노릇입니다."

이익시 시장이 은근한 미소를 지으며 고개를 끄덕였습니다. 왜냐하면 그들은 같은 당의 당원들이기 때문입니다. 서민주 의원은 그들의 발언에 화가 났지만 발언권이 없으니 어쩔 수 없습니다. 안타까워 주먹만 불끈 쥐는데, 차분하지만 힘 있는 목소리가 들려왔습니다. 김선재 의원이었습니다. 서민주 의원은 얼른 귀를 기울였습니다. 김선재 의원은 그동안 여러 번 서민주 의원 사무실로 찾아와 함께 나누었던 이야기를 차분하게 펼쳤습니다.

"네, 지금까지 하신 모든 말씀 잘 들었습니다. 우리는 조사 과정을 다 마치고 나면 쉽지는 않겠지만 찬성, 반대 판단을 내려야 합니다. 그리고 어느 편에 설지 정하려면 잘 알아야 합니다. 왜냐하면 국회에서의 결정이 국민들의 삶에 직접 영향을 끼치니 말입니다. 우리가 지금 이야기하고 있는 공공 의료는 의무 교육만큼이나 사회 안전망 중에서도 가장 기본에 속하는 것입니다."

파이팅, 서민주 의원은 마음으로부터 응원을 보냈습니다.

"예를 들자면 말입니다. 우리가 일부러 빌딩에서 뛰어내리지는 않겠지만, 살다 보면 어쩔 수 없이 그런 일이 생기기도 합니다. 일테면 건물에 불이 난다든가 할 때 말입니다. 그때 우리는 무엇을 깔아 주나요? 안전 매트리스를 깔아 주지요. 이것은 사람을 안심하게 해 주고, 추락 공포를 덜어 주어 용기를 북돋웁니다. 물론 실제로 충격으로부터 사람을 보호해 주고요. 안전 매트리스가 있어야 사람들은 탈출 도전 의지를 갖게 됩니다. 그렇다면 우리 사회의 안전 매트리스는 무엇인가요? 의무 교육, 무상 보육, 노령 연금, 장애인 수당 등이 그

것들입니다. 그리고 하나 더, 공공 의료가 있습니다. 당장 눈앞의 이익에 휘둘려 성급한 판단을 해서는 안 됩니다. 우리 누구나 안전 매트리스가 필요한 순간이 올 수 있습니다."

한 달이 넘는 공방 끝에 의료원을 재개원하라는 국정 조사 결과 보고서가 채택되었습니다.

"잘됐어요. 그동안 애쓰셨습니다."

서민주 의원은 함께 기쁨을 나누려 김선재 의원 사무실로 찾아가 인사를 건넸습니다. 누가 봐도 이번 국정 조사 보고서 채택의 일등 공신은 김선재 의원이니까요. 하지만 김선재 의원은 치열한 공방과 그 끝에 이루어 낸 합의에 만족하지 않았습니다.

"근본적인 해결책이 마련되지 않으면 똑같은 문제가 다른 지방 어디에서든지 다시 터질 수 있어요. 다 똑같이 안고 있는 문제니까요."

서민주 의원은 동의한다는 표시로 고개를 천천히 끄덕였습니다.

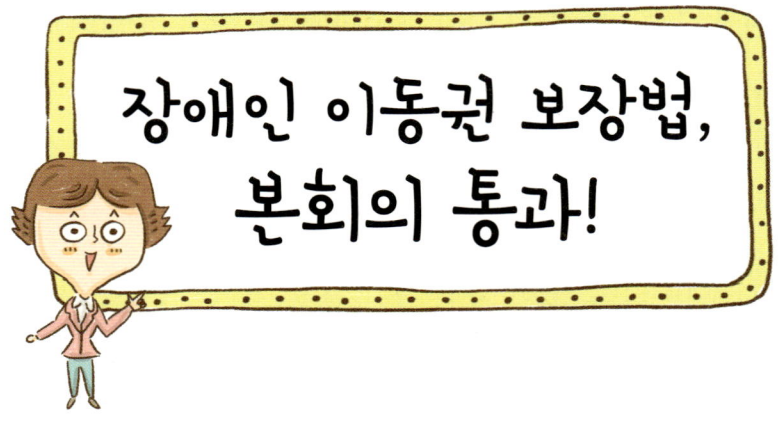

장애인 이동권 보장법, 본회의 통과!

오늘은 서민주 의원이 처음으로 발의한 장애인 이동권 보장 법률안이 본회의에 상정되는 날입니다. 여기 오기까지 해당 상임위인 국토교통위원회에서 대략적으로 살펴보고 의논하는 대체 토론을 거치고, 법안 심사 소위원회를 거쳤습니다(상임위를 통과하지 못하는 법안들은 대체로 이 단계에서 걸러집니다). 소위원회를 통과한 법안은 다시 상임위 전체 회의로 넘어와 본회의 상정을 의결하게 됩니다. 그다음 법제사법위원회에서 구체적인 법안의 형식과 내용을 검토하고 나면 비로소 본회의에 상정되는 겁니다. 크게 보면 세 단계를 통과해야 하는 그 긴 시간 동안 의원들의 반응은 좋은 편이었습니다. 서민주 의원은 순조로운 통과를 기대했습니다.

본회의가 열리자 먼저 발의자인 서민주 의원이 제안 설명을 했습니다. 왜 이런 법안을 발의하게 되었는지를 본회의장에서 설명하는 겁니다.

 이어서 다른 의원이 사전에 법안에 대한 토론 요청을 한 것이 있으면 토론이 이루어집니다. 오늘은 두 명의 의원이 토론 요청을 해 놓았다고 했습니다. 반대 토론이 시작되었습니다.

 "저는 기본적으로 서민주 의원님의 법률안에 찬성합니다. 하지만 몇 가지 현실적인 의문이 들었습니다. 서민주 의원님께서도 검토를 하셨는지 모르겠지만 저상 버스가 도입된다 해도 지금 현재의 도로 상황에서 별다른 효력을 갖기는 힘들 것으로 보입니다. 어떤 문제냐면요, 일단 저상 버스의 경사로와 인도의 높이가 딱 맞아야 휠체어가 움직일 수 있는데 우리나라 도로는 그 높이가 들쑥날쑥한 부분이 상당히 많다는 겁니다. 게다가 우리나라 인도에는 가로수나 표지판 같은 것들이 많이 설치되어 있는 형편이거든요. 이런 제약 조건들을 어떻게 다 해결하실 것인지, 방안을 묻고 싶습니다."

 또 다른 반론도 나왔습니다.

 "모든 교통수단을 무료로 이용할 수 있는 교통증을 발급하자는 내용도 있던데요, 그 교통증이 다른 사람에 의해 불법적으로 사용될 가능성에 대해 얼마나 고려하셨는지 궁금하군요."

 서민주 의원도 답변을 했습니다.

 "존경하는 의원님들, 제가 법안 발의와 함께 특별 위원회 구성을 제안한 것이 바로 의원님들의 염려와 같은 이유입니다. 지적하신 부분들 공감합니다. 하지만 '천 리 길도 한 걸음부터'라는 옛말이 있습니다. 오늘 이 자리에서 그 첫 한 걸음을 떼야 합니다. 대중교통을 이용하고 도로를 걷는 것, 비장애인들은 권리라고 생각지도 않는 것을 애써 얻어 내야 하는 것이 현재 장애인의 처지입니다. 그들의 세상을 향한 한 걸음에 찬성 표결로 의지를 보여 주시면 감사하겠습니다."

국회 의장이 말했습니다.

"지금부터 의원 여러분들은 찬반 표시를 해 주십시오."

··· 빨강(반대) ··· 빨강 ·· 초록(찬성) ·· 초록 ···
··· 초록 ·· 초록 ····· 빨강 ····· 초록 ·· 초록 ···

땅 땅 땅

장애인 이동권 보장법이 통과되었습니다!

고생하셨어요, 서 의원님.

고맙습니다, 모두들.

정말 수고하셨어요.

이제부터 시작이에요, 서 의원님.

우리나라 장애인 권리에 청신호가 켜졌네요.

축하해요, 서 의원님.

앞으로도 기대할게요.

장애인 이동권 보장법은 압도적인 찬성으로 통과되었고, 더불어 장애인 특별 위원회 구성도 함께 추진하기로 결의되었습니다.

축하드려요~~~
만세! 해냈다!!
고생했어 T.T
서민주 의원님 최고!!! 완전 멋지세요~

서민주 의원은 버스 타기 운동을 벌였던 장애인 단체에 먼저 전화를 걸었습니다.

여보세요.

의원님, 예쁘세요.

만세 만세

우리들의 목소리, 서민주

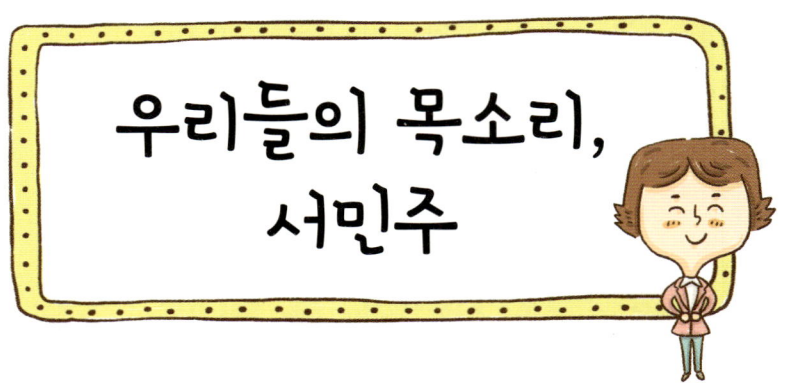

까치 까치 설날은 어저께고요~

새해가 밝았습니다. 절대 끝나지 않을 것 같던 정기 국회도 끝났고, 예산안도 회기 내에 처리되었습니다.

부스스

새해가 밝았네.

딩동, 초인종이 울렸습니다. 문을 열어 보니 심미연, 박기동 보좌관이었습니다. 하경이가 이모, 삼촌이라 부르며 반가이 달려 나갔습니다.

"하경이, 잘 지냈어? 방학했겠네?"

심 보좌관이 하경이를 담쏙 안아 주며 물었습니다.

"난 어른들도 방학이 있으면 좋겠어요. 우리만 방학하면 뭐해요, 집은 텅텅 비어 있는걸."

하경이가 어리광 부리듯 말하자, 심 보좌관이 대꾸했습니다.

"이야, 그거 진짜 좋은 생각이야. 의원님, 내년엔 전 국민 방학하기 법안을 만들어 볼까요? 반응이 대단하겠는걸요."

요란한 인사가 끝나고, 두 보좌관이 펼쳐 놓은 것은 의정 보고서였습니다. 인쇄소에서 막 찾아와 잉크 냄새가 희미하게 코끝에 스쳤습니다.

'우리들의 목소리, 서민주!!'라는 커다란 제목 아래 지난 한 해의 활동이 가지런히 정리되어 있었습니다. 장애인들과 함께 버스 타기 운동을 하는 사진과 본회의장에서 대정부 질의를 하는 사진도 있었습니다. 국정 감사 우수 의원으로 선정되어 상을 받는 사진을 볼 때는 살짝 미소도 나왔습니다.

"그건 아직 안 나왔어요?"

"아, 나왔어요."

심미연 보좌관이 두툼한 서류 봉투를 내밀었습니다. 내용물을 꺼내려 손을 들이미니 손가락 끝마다 좁쌀 같은 알갱이들이 만져졌습니다. 그건 늘 문지르는 휴대 전화 액정 화면의 미끈한 감촉과는 완전히 달랐습니다.

"이상 없대요?"

하진이와 하경이도 궁금했는지 무릎걸음으로 다가와 들여다보았습니다.

"아, 점자다."

그건 점자본 국정 보고서였습니다. 국회의원 선거 준비를 할 때도 서민주는 시각 장애인용 홍보물을 따로 만들어 나누어 주었습니다.

"태어나 이런 건 처음 받아 보네요. 우리 같은 사람들까지 신경을 다 써 주시고, 고마우신 선생님."

유권자가 선거용 홍보물을 받는 것은 너무 당연한데도 불구하고, 그들은 서민주의 손을 꽉 잡으며 허리 숙여 인사를 했습니다. 얼마나 극진한지 오히려 민망할 정도였습니다.

"네, 아주 잘 나왔다고 점자 도서관 관장님께서 검사하고 좋아하셨어요."

하경이와 하진이는 신기한지 눈을 감고 점자들이 암호처럼 찍힌 종이 표면을 손바닥으로 쓸어 보고 있었습니다.

"참, '동네 한 바퀴 투어'는 준비 다 됐어요?"

서민주 의원이 물었습니다.

"이번 강추위 지나가고 바로 다음 날부터 시작하기로 했습니다. 첫 모임은 선거 때 자원봉사하셨던 분들이고요."

"아, 저도 뵙고 싶네요. 제가 가야 할 소모임이나 주민들이 많이 모이는 곳 좀 알아봐 주세요."

며칠간 짧은 휴식을 마치고 서민주 의원은 동네 한 바퀴 투어에 나섰습니다. 동네 한 바퀴 투어는 서민주 의원이 지역구 사람들을 직접 만나 그동안의 의정 활동을 보고하고 격려나 충고, 때로는 야단도 맞는 그런 의정 활동 보고 행사입니다.

추운 겨울날 경로당에 모여 계시는 할머니 할아버지들은 비교적 쉽게 만날 수 있었지만, 아파트 주민들은 낮에는 다들 일을 나가니 만나

기가 쉽지 않았습니다. 서민주 의원은 식당이나 카페, 시장 등을 돌아다니면서 의정 활동 보고서를 나누어 주고 의견을 듣기도 했습니다.

하지만 실제로 만날 수 있는 사람은 그리 많지 않았습니다. 그래서 의정 활동 보고서를 만들어 집집마다 우편으로 보냈습니다.

여덟 장짜리 의정 활동 보고서는 서민주 의원의 지난 1년간 활동을 담고서 집집마다 우편함에 꽂혔습니다.

국제 조약 비준은 더욱 깐깐하게

2월 임시 국회를 시작으로 한 해의 의정 활동이 시작되었습니다.
이번 임시 국회에는 매우 중요한 국제 조약이 하나 상정되어 있습니다.

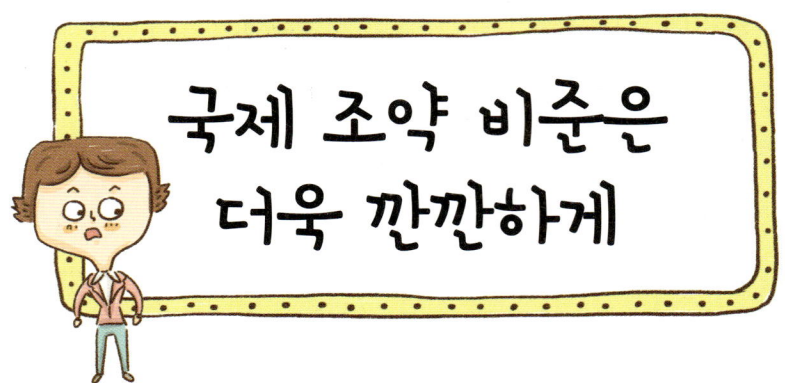

FTA란? (Free Trade Agreement)
우리말로 하면 '자유 무역 협정'이라는 뜻입니다. 나라와 나라 사이에 물건을 사고팔 때 세금을 낮추거나 없애는 것이지요.

나 이 물건을 너희 나라에 팔고 싶어.

그럼 세금을 내.

나라와 나라 사이에 물건을 팔 때 세금을 내야 하는데, 이것을 '관세'라고 해요.

원래 나라마다 외국의 물건을 수입해 올 때 높은 관세를 물려 물건 값을 비싸게 만듭니다.
소비자들이 수입품을 선뜻 사지 못하도록 하여 자기 나라의 산업을 보호하려는 것이지요.

하지만 자유 무역 협정은 두 나라 사이에 관세를 아주 낮게 매기거나 없애는 겁니다.
관세가 없거나 낮아지면 수입품이 저렴해져서 큰일 날 것 같지만, 우리가 그렇게 수입하는 대신
우리도 그렇게 수출을 하니 아주 손해는 아닙니다.

그런데!!

자유 무역 협정으로 세상이 시끄러워진 이유는 우리보다 힘센 나라 미국을 상대로
조약을 맺다 보니 우리나라에 불리한 내용이 많다는 것 때문입니다. 자유 무역
협정은 특히 서로 대등한 나라끼리 맺어야지 그렇지 않으면 큰 나라는
이익이지만 작은 나라는 손해를 볼 수도 있습니다.

예를 들어 값싼 수입 농산물이 쏟아져 들어오면 우리나라 농업은 경쟁력이 없어 다 망하고 말 것이라는 예측이 나온 겁니다. 그렇다고 국제 사회에서 문을 꼭 닫아걸고 살 수는 없는 일입니다.

미국 농산물 수입 금지!

한국 공산품 수입 금지!

이거 수출해야 하는데……

이 조약을 국회에서 승인하느냐 마느냐에 많은 사람과 나라의 미래가 걸려 있습니다.

우리나라 대통령이 미국 대통령과 만나 이미 조약을 맺은 상태이고, 이제 이 조약이 효력을 갖느냐 마느냐는 국회에 달려 있습니다.

각 당마다 이 조약 문서를 분석하고 나라의 이익과 손해를 따지고 대안을 마련하느라 분주했습니다.

하지만 대통령의 호소만으로 국제 조약 체결을 결정할 수는 없습니다. 국회는 찬반양론이 맞서며 연일 떠들썩했습니다.

"자유 무역은 전 세계적인 흐름입니다. 우리만 거부하고 나섰다간 국제 사회에서 고립될 수도 있습니다. 얻을 것과 잃을 것을 잘 따져 대책을 마련하고 조약은 승인해야 합니다."

조약 찬성파입니다.

"농업만 유난하게 보호하는 정책도 다시 생각해 볼 때입니다. 이제 공업의 자유 경쟁 체제가 농업에도 똑같이 적용되어야 합니다. 시장 원리가 가장 효율적이라는 것은 모두 알고 있지 않습니까?"

또 조약 찬성파입니다. 서민주 의원은 곰곰이 들으며 그 토론 내용이 맞는지 틀린지 옳은지 그른지 따져 보았습니다.

"이건 내용도 내용이지만 한 번 맺은 조약의 내용은 다시 되돌릴 수 없다는 조항이 가장 문제입니다. 나중에 문제가 발견돼도 찍소리도 못한다니, 이건 한 국가의 자존심을 내팽개치는 일입니다."

조약 반대파입니다.

"자유 무역을 늦출 수는 있지만 완전히 막을 수는 없습니다. 차분하게 이익을 따져 보는 자세가 매우 필요한 시점입니다. 찬성도 반대도, 우리의 이익을 계산해 본 뒤에 하자는 겁니다."

본회의 토론이 끝나고, 각 당마다 다시 토론이 시작되었습니다. 지난 토론에서 나온 상대편의 의견을 받아들이기도 하고, 다시 설득에 나설 반대 의견을 만들기도 했습니다. 여당과 야당의 원내 대표들도 수시로 만나 상대편 의견을 듣고 나누었습니다.

그렇게 한 달이 지났지만 어떤 의견에도 두 당은 합의를 하지 못했습니다. 한미 FTA 승인은 다음 임시 국회인 4월로 넘어갔습니다.

4월 임시 국회에서 승인을 기다리는 동안은 언론, 학계, 각 분야별 전문가들이, 국민들과 함께 여론을 만들어 가는 시간이기도 합니다. 이러한 과정을 거치는 동안 사람들은 조약에 대한 자기 입장을 정하게 될 것입니다.

그건 나누자당도 마찬가지였습니다. 하루가 멀다 하고 정책 토론회가 열렸고 소모임마다 공부를 게을리하지 않았습니다. 두 당의 대표들도 부지런히 의견을 교환하며 조약에 대한 입장을 정리하기 위해 애를 썼습니다.

국가 간 조약은 극민과 나라 전체의 문제이니만큼 여당 야당의 입장 차이를 좁히는 데도 열심이었습니다.

4월 임시 국회가 열렸습니다. 조약의 상대국인 미국은 조약의 빠른 승인을 자꾸만 재촉했습니다. 하지만 그럴수록 의원들은 더욱 신중해졌습니다.

임시 국회 첫 일정으로 교섭 단체장 연설이 시작되었습니다. 역시 예상대로 한미 FTA에 관한 것이었습니다.

"우리 능력대로당은 조약은 승인하되, 효력 발생의 시기를 국내의 조건이 준비될 때까지 3년을 미루자는 안을 내놓습니다."

다음 날 이어진 나누자당 교섭 단체장 연설에서 나누자당도 입장을 밝혔습니다. 2월과는 달리 두 당의 입장은 그간의 설득으로 많이 가까워 있었습니다.

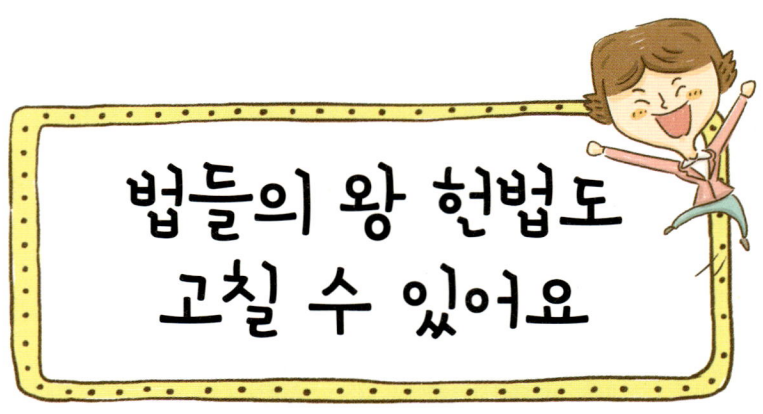

법들의 왕 헌법도 고칠 수 있어요

　국회의원이 된 지 꼭 1년이 지나고, 다시 5월이 되었습니다. 서민주 의원은 새로운 차원의 고민을 시작했습니다. 그 고민은 사실 지난해 장애인 이동권 보장법 입법 과정에서 싹텄습니다. 장애인에 관련한 지금까지의 입법 현황과 행정 절차를 지켜보며 서민주 의원은 장애인 인권에 대한 근본적인 문제는 헌법 자체의 구조적인 문제에서 비롯된다는 생각을 하게 된 겁니다. 아무리 살펴보아도 우리나라 헌법에는 장애인 관련 조항이 하나도 없었으니까요.

　독일 기본법 제3조 제3항에는 '누구든지 장애를 이유로 불이익을 받지 아니한다'라는 규정이 있고, 스위스 헌법 제112C조 제1항에는 '주(州)는 노인 및 장애인에 대한 가정 방문 지원 및 재가 서비스를 제공한다'라는 내용이 명문화되어 있습니다. 모든 법의 왕인 헌법이 이렇게 규정을 하고 있으니, 법률이나 조례, 명령, 규칙은 이 대원칙 아래 세워지는 겁니다.

서민주 의원은 헌법 개정 절차를 찾아 읽어 보았습니다.

"헌법 개정의 제안권자는 대통령과 국회의원이다. 음, 일단 제안을 할 자격은 갖춘 셈이군. 그다음을 보자."

서민주 의원은 책장을 넘겨 보았습니다.

"대통령은 국무 회의의 심의를 거쳐야 하고, 국회의원은 재적 의원 과반수의 찬성을 얻어야 한다. 과반수라……."

서민주 의원은 국회의원들의 얼굴을 찬찬히 떠올리며 개헌 찬성파와 반대파로 나누어 보았습니다. 이동권 법률을 통과시킬 때를 생각해 보니 그 비율은 찬성도 반대도 아슬아슬했습니다.

"그건 그렇다 치고 그다음엔 뭘 해야 하나? 제안된 헌법 개정안은 그 내용을 국민에게 알리기 위해 20일 이상 공고해야 하고, 누가 발의했든 60일 이내에 국회가 의결해야 하는데 재적 의원 3분의 2 이상이 찬성해야 한다……, 역시 쉽지 않군. 어디, 그다음엔……, 의결되면 30일 이내에 국민 투표를 해야 하는데 과반수 투표에 과반수 찬성이 있어야 한다고?"

서민주 의원은 혼자서 중얼거리며 조항들을 읽어 갔습니다.

"그러니까 헌법의 최종 권한은 역시 국민에게 있는 거군. 좋아."

그때,

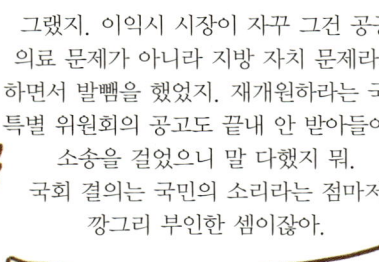 

 그래, 지난해 여름, 김선재 의원님이 해 주신 이야기가 있었지…….

원래 우리 집은 상당히 부유했어요. 부모님께서 꽤 큰 식당을 운영하셨거든요. 손님이 어찌나 밀리는지 더 넓은 곳으로 옮기려 했는데……, 글쎄, 새 식당 개업 바로 전날 밤에 불이 난 거예요.

나는 겨우 빠져나왔지만, 부모님은 결국 현장에서 돌아가셨어요. 그나마 다행이라면 동생 하나는 나와 함께 나왔고, 다른 동생은 친척 집에 있어서 화를 면했다는 것 정도였죠.

그런데 문제는 이사를 하면서 미처 화재 보험에 가입을 못 한 거예요. 남은 우린 순식간에 고아에 거지가 되고 말았죠.

6월 임시국회에서 김선재 의원의 법률안을 통과시키려는 측과 막으려는 측의 치열한 토론이 벌어지겠지만, 그 과정에서 설명하고 동의를 끌어내고 지지를 얻게 될 것입니다.

물론 그런 것 다 건너뛰고, '나를 따르라' 멋지게 소리쳐 명령을 내리고 내 뜻대로 모든 걸 재빠르게 처리하고 싶은 욕심이 불쑥불쑥 솟기도 합니다. 하지만 정치는 명령도 옹고집도 아니라는 것을 서민주 의원은 지난 일 년 동안 절실히 느꼈습니다. 명령과 옹고집으로 하는 정치는 독재일 뿐이지요. 우리나라 사람들이 독재에 반대하여 오랫동안 싸워온 수많은 시간과 노력도 물거품이 되는 것이고요.

상대의 의견에는 반대할지라도, 그 사람이 말할 권리는 언제까지나 지켜주는 것이 민주 정치의 기본 자세라는 것을 서민주는 가까이서 보고 배웠습니다.

사실, 그러다 보면 지루하고 답답해 제자리를 맴돌고만 있는 것처럼 느껴질 때도 있고, 서로 으르렁거리며 고함이 오갈 때도 적지 않습니다.

그러나 민주주의는 꾸준히 발전할 뿐 완성되는 것은 아니니 그 논의와 소란과 토론이 옳은 것입니다.

서민주 의원은 이제 국민들이 원하고 필요로 하는 새로운 목소리를 찾아 나설 것입니다. 국민들의 소리를 듣고 이를 반영할 법을 만들어 사람들이 좀더 편안하고 불편함 없이 지낼 수 있도록 할 생각에 가슴 저 밑에서부터 힘이 솟는 것을 느꼈습니다.

아무리 알아듣기 쉽게 쓰려고 해도 본문에서 설명하기 어려운 것들이 있었습니다. 혼자 끙끙대지 말고 참고해 보세요.

경과 보고서 보고서라 하면 말 그대로 국회 인사 청문회의 활동 경과에 대한 기록을 가리킵니다. 대통령이 공직 후보자를 임명하려면 일단 국회에 임명 동의안을 제출해야 하고, 그러면 국회에서는 후보자를 요모조모 살펴보기 위해 인사 청문회를 엽니다. 경과 보고서가 중요한 것은 이 보고서의 채택이 사실상 청문회 활동의 종료를 말하기 때문입니다. 활동을 끝낼 때 후보자가 마음에 들면 채택하면 되고, 마음에 안 들면 경과 보고서에 사실대로 마음에 안 든다고 반대 의견을 적으면 됩니다. 가끔은 아예 채택이 안 될 때도 있습니다. 경과 보고서가 채택되면 임명의 마지막 절차인 국회 본회의 의결만 남게 됩니다.

공약 정부나 정당, 선거에 출마한 후보자 등이 어떤 일에 대하여 국민에게 실행할 것을 약속하는 것 또는 그런 약속을 말합니다. 예를 들면 친환경 무상 급식 같은 것도 선거 때 나온 공약이었습니다. 여러분 학교에서 회장 선거할 때 후보들이 내놓은 약속들도 모두 공약이지요.

구제 청구권 어려움이나 위험에 빠진 사람이 자신의 이익과 편리를 위해 일정한 행위를 요구할 수 있는 권리를 말합니다. 예를 들면 휠체어를 타는 장애인이 통행을 가로막는 것들을 치우거나 다른 방법을 마련해 달라고 행정 기관에 요구하고 그것을 고치도록 할 수 있는 권리입니다.

대정부 질문 말 그대로 정부를 상대로 질문을 하는 겁니다. 국회 본회의 회기 중에 국회의원이 국무총리나 장관들을 상대로 국가 운영에 대해 질문을 합니다.

발의와 발의자 발의는 국회의원이 회의에서 살펴보고 토의해야 할 안건을 제출하는 것이고 발의자는 그 안건을 제안한 사람입니다. 이때 토의할 안건을 회의에 내어놓는 것을 상정이라고 합니다.

산업 재해 노동자들이 일을 하는 환경이나 작업 행동 등 업무 때문에 생겨난 신체적·정신적 피해를 말합니다. 다치는 것, 아픈 것, 사망하는 것, 환경이 안 좋아 생기는 직업병 등이 다 포함됩니다.

세금 저항 국민의 4대 의무에는 납세의 의무도 있습니다. 세금 저항이란 이렇게 국가가 매긴 세금을 개인이 거부하는 것입니다. 자기 자신의 재산권을 지키기 위해 세금을 적게 내기 위해 반대하기도 하고 전쟁 반대와 같이 자신의 신념을 지키기 위해 세금을 거부하기도 합니다. 전쟁을 하느라 드는 비용도 결국은 세금에서 쓰니까요.

예산안 심사 예산안이란 정부나 돈을 지출할 기관이 1년 동안 일을 하는 데 필요한 경비를 미리 계획해 놓은 겁니다. 정기 국회에서 이 계획안을 심사받게 되는데, 여기서 불필요한 예산을 깎기도 하고 또 여당과 야당이 합의한 사업에는 예산을 주기도 합니다. 본회의에서 예산안이 통과되면 비로소 정부는 예산을 쓸 수 있게 됩니다.

의결 회의에 나온 안건을 의논하고 합의하여 결정을 하는 것입니다.

의료 수가 이걸 완전히 이해하려면 우리나라의 의료 체계부터 알아야겠지만 그건 너무 복잡해요. 그러니 아주 간단하게만 말해 볼게요. 의료 수가란 국민건강보험공단이 지급하는 보험금에 그 수가의 일정 비율을 부담하는 환자 본인 부담금을 더한 값입니다. 보통 환자 본인 부담금은 10~30퍼센트, 국민건강보험공단에서는 90~70퍼센트를 병원에 지급합니다. 이 말이 자꾸만 뉴스나 사람들 입에 오르내리는 것은 서로 입장이 많이 다르기 때문입니다. 의사들은 의료 수가가 85퍼센트로 환자를 진찰하기 위한 과정에 쓰이는 총비용을 전부 받지 못하고 있다고 말합니다. 즉, 환자를 치료하느라 100만 원을 썼는데 85만 원밖에 못 받으니, 한마디로 적자라는 겁니다. 하지만 입장이 다른 쪽에서는 병원에서는 다른 수입으로 충분히 그 부족분을 메꾸고 있고 또한 의료 수가가 높아지면 자연히 높아지는 건강 보험료를 생각할 때 지금의 의료 수가가 적당하다는 것입니다. 휴, 너무 복잡하면 그냥 넘어가자고요.

입법 법을 제정하는 겁니다. 쉽게 말해 법을 만드는 거죠.

입법 기관 법률의 제정을 맡은 국가 기관으로, 국회를 말하는 겁니다.

정기 국회와 임시 국회 정기 국회는 해마다 한 번씩 9월 1일에 열립니다. 회기는 앞서 말한 대로 100일 이내이고요, 그 기간 동안 법률안도 처리하고 국정 감사도 하고 예산안과 결산에 대한 심의도 합니다. 임시 국회는 2월, 4월, 6월 1일에 30일을 회기로 열립니다.

정당 정치를 어떻게 할 것인지에 대한 생각이 같거나 정책의 방향이 같은 사람들이 자신들의 목표와 이상을 실현하기 위해 조직하는 단체입니다. 이러한 정당들은 목표와 이상을 실현하기 위해 정치권력(즉 정권)을 가지려 합니다. 그러려면 선거에서 이겨야만 합니다. 이때 정권을 잡으면 여당이 되고, 그렇지 못하면 야당이 됩니다. 우리나라는 대통령 중심제이기 때문에 대통령을 배출한 당이 여당이 됩니다. 여당이든 야당이든 각 당에는 원내 대표가 있습니다. 원내 대표란 국회 내에서 소속 당의 업무를 총괄하는 실무 책임자를 말합니다.

조세 정책 세금을 걷는 방법과 내용에 관해 국가가 정한 원칙입니다.

중과세 보통의 세금보다 더 많이 내야 하는 세금입니다. 일테면 자동차의 지나친 증가를 막기 위해 한 가구에 자동차가 두 대 이상일 경우 한 대인 집보다 더 높은 비율의 세금을 내게 하는 것입니다.

직업병 한 가지 직업에서 오래 일했을 때, 그 직업의 특성 때문에 사람의 몸에 생기는 병을 말합니다. 컴퓨터를 오래 다루는 직장인이 대부분 손목 관절에 이상이 있다거나 항상 옆으로 걸어야 하는 펜싱 선수들이 팔자걸음을 걷는 것도 직업병이라 할 수 있습니다.

직접세와 간접세 직접세는 말 그대로 세금을 내야 할 사람에게서 직접 거두어들이는 세금으로 소득세, 재산세, 상속세, 법인세 등이 있습니다. 간접세는 내가 직접 세금을 내지는 않지만 어떤 물건을 구입할 때 이미 그 안에 세금이 포함되어 있는 겁니다. 예를 들면 자동차를 가지고 있는 사람이 해마다 은행을 통해 내는 자동차세는 직접세이고, 자동차에 주유를 할 때 본인이 은행까지 가서 세금을 내지는 않지만 이미 기름에 세금이 포함되어 있기에 이는 간접세가 되는 겁니다. 즉 자동차세는 직접세, 주유세는 간접세에 해당합니다.

찬조 유세(연설) 찬조는 어떤 사람이나 모임의 뜻과 행동이 옳거나 좋다고 생각해 도움을 주는 것입니다. 유세는 자기의 의견이나 소속 정당의 주장을 선전하며 돌아다니는 것입니다. 학교에서도 학생 회장 선거가 가까워지면 후보자가 등굣길에서나 반마다 돌아다니며 유세를 하는 것을 본 적이 있을 겁니다. 찬조 유세란 이때 후보자의 의견이나 정책이 좋다고 생각한 사람이 그를 도와주기 위해 유세나 연설을 하는 겁니다.

최고 세율 세율이란 법으로 정해 놓은 세금을 매기는 비율입니다. 최고 세율이라 하면 그 비율이 최고로 높다는 뜻이겠죠. 한 달에 100만 원을 버는 사람은 그 돈으로 한 달 생활하기도 빠듯하기 때문에 세금을 안 내거나 아주 조금 내지만, 한 달에 3억 원 이상을 버는 사람에게는 상대적으로 더 많은 세금을 내게 하는 겁니다. 더 많이 가졌으니 좀 더 많은 세금을 내는 것이 더 가진 사람의 당연한 몫이라 생각하는 것이 노블레스 오블리주의 미덕이고요.

표결 투표를 하여 결정하는 것으로, 보통 찬성이나 반대로 자기 뜻을 나타냅니다.

회기 국회나 지방 의회가 개회하여 폐회하기까지의 기간입니다. 그러니 정기 국회의 회기는 100일 이내, 임시 국회의 회기는 30일 이내가 됩니다.

후보 내정자 공식적인 발표가 있기 전에 내부적으로 이미 결정된 사람을 말합니다. 이 내정자들이 인사 청문회에 나와 문제가 없는지 검증을 받고, 최종 통과가 되면 임명을 받게 됩니다.

국회의원 서민주, 바쁘다 바빠!

2014년 7월 25일 1판 1쇄
2023년 2월 28일 1판 6쇄

글쓴이: 안점옥 | 그린이: 유설화

편집: 최일주, 이혜정 | 디자인: 권소연 | 교정: 한지연
제작: 박흥기 | 마케팅: 이병규, 양현범, 이장열, 강효원 | 홍보: 조민희
출력: 한국커뮤니케이션 | 인쇄: 코리아피앤피 | 제책: J&D바인텍

펴낸이: 강맑실 | 펴낸곳: (주)사계절출판사 | 등록: 제406-2003-034호 | 주소: (우)10881 경기도 파주시 회동길 252 | 전화: 031) 955-8588, 8558 | 전송: 마케팅부 031) 955-8595 편집부 031) 955-8596 | 홈페이지: www.sakyejul.net | 전자우편: skj@sakyejul.com | 페이스북: facebook.com/sakyejulkid | 인스타그램: instagram.com/sakyejulkid | 블로그: blog.naver.com/skjmail

ⓒ 안점옥, 유설화 2014

값은 뒤표지에 적혀 있습니다. 잘못 만든 책은 구입하신 서점에서 바꾸어 드립니다.
사계절출판사는 성장의 의미를 생각합니다. 사계절출판사는 독자 여러분의 의견에 늘 귀 기울이고 있습니다.
이 책은 저작권법에 따라 보호받는 저작물이므로 무단 전재와 복제를 금합니다.

ISBN 978-89-5828-762-9 73340
ISBN 978-89-5828-770-4 73340(세트)